CONSIDÉRATIONS

SUR

LE GOUVERNEMENT

DE POLOGNE.

CONSIDÉRATIONS

SUR

LE GOUVERNEMENT

DE POLOGNE,

ET

SUR SA RÉFORMATION

PROJETTÉE.

PAR J. J. ROUSSEAU.

A LONDRES.

M. DCC. LXXXII.

CONSIDÉRATIONS

SUR

LE GOUVERNEMENT

DE POLOGNE,

ET

SUR SA RÉFORMATION

PROJETTÉE.

CHAPITRE PREMIER.

Etat de la question.

LE tableau du Gouvernement de Pologne fait par M. le Comte Wielhorski & les réflexions qu'il y a jointes, sont des pieces instructives pour quiconque voudra former un plan régulier pour la refonte de ce Gouvernement. Je ne connois personne plus en état de tracer ce plan que lui même, qui joint aux connoissances générales que ce travail exige toutes celles du local & des détails particuliers, impoſſibles à donner par écrit, & néanmoins néceſſaires à ſavoir pour approprier une inſtitution au peuple auquel on la deſtine. Si l'on ne connoît à fond la nation pour laquelle on travaille, l'ouvrage qu'on fera pour elle, quelque excellent qu'il puiſſe être en lui-même, péchera toujours par l'application, & bien plus encore lorſqu'il s'agira d'une nation déja toute inſtituée, dont les goûts, les mœurs, les préjugés & les vices ſont trop enracinés pour pouvoir être aiſément étouffés par des ſemences nouvelles. Une bonne inſtitution pour la Pologne ne peut être l'ouvrage que des Polonois, ou de quelqu'un qui ait bien étudié ſur les lieux la nation Polonoiſe & celles qui l'avoiſinent. Un étranger ne peut gueres donner que des vues générales, pour éclairer non pour guider l'inſtituteur. Dans toute la vigueur de ma tête je n'aurois pu ſaiſir l'enſemble de ces grands rapports. Aujourd'hui qu'il me reſte à peine la faculté de lier des idées, je dois me borner, pour obéir à M. le Comte Wielhorski, & faire acte de mon zele pour ſa patrie, à lui rendre compte des impreſſions que m'a fait la lecture de son travail, & des réflexions qu'il m'a suggérées.

En lisant l'histoire du Gouvernement de Pologne, on a peine à comprendre comment un Etat si bizarrement constitué a pu subsister si long-tems. Un grand Corps formé d'un grand nombre de membres morts, & d'un petit nombre de membres désunis, dont tous les mouvemens, presqu'indépendans les uns des autres, loin d'avoir une fin commune s'entre-détruisent mutuellement, qui s'agite beaucoup pour ne rien faire, qui ne peut faire aucune résistance à quiconque veut l'entamer, qui tombe en dissolution cinq ou six fois chaque siecle, qui tombe en paralysie à chaque effort qu'il veut faire, à chaque besoin auquel il veut pourvoir, & qui, malgré tout cela, vit & se conserve en vigueur ; voilà, ce me semble, un des plus singuliers spectacles qui puissent frapper un être pensant. Je vois tous les Etats de l'Europe courir à leur ruine. Monarchies, Républiques, toutes ces nations si magnifiquement instituées, tous ces beaux Gouvernemens si sagement pondérés, tombés en décrépitude menacent d'une mort prochaine ;

& la Pologne, cette région dépeuplée, dévastée, opprimée, ouverte à ses agresseurs, au fort de ses malheurs & de son anarchie, montre encore tout le feu de la jeunesse ; elle ose demander un Gouvernement & des loix, comme si elle ne faisoit que de naître. Elle est dans les fers & discute les moyens de se conserver libre ! elle sent en elle cette force que celle de la tyrannie ne peut subjuguer. Je crois voir Rome assiégée régir tranquillement les terres sur lesquelles son ennemi venoit d'asseoir son camp. Braves Polonois, prenez garde ; prenez garde que pour vouloir trop bien être, vous n'empiriez votre situation. En songeant à ce que vous voulez acquérir, n'oubliez pas ce que vous pouvez perdre. Corrigez, s'il se peut, les abus de votre constitution ; mais ne méprisez pas celle qui vous a faits ce que vous êtes.

Vous aimez la liberté, vous en êtes dignes ; vous l'avez défendue contre un agresseur puissant & rusé, qui, feignant de vous présenter les liens de l'amitié, vous chargeoit des fers de la servitude. Maintenant, las des troubles de votre patrie, vous soupirez après la tranquillité. Je crois fort aisé de l'obtenir ; mais la conserver avec la liberté , voilà ce qui me paroît difficile. C'est au sein de cette anarchie qui vous est odieuse , que se sont formées ces ames patriotiques qui vous ont garantis du joug. Elles s'endormoient dans un repos léthargique ; l'orage les a réveillées. Après avoir brisé les fers qu'on leur destinoit , elles sentent le poids de la fatigue. Elles voudroient allier la paix du despotisme aux douceurs de la liberté. J'ai peur qu'elles ne veuillent des choses contradictoires. Le repos & la liberté me paroissent incompatibles ; il faut opter.

Je ne dis pas qu'il faille laisser les choses dans l'état où elles sont ; mais je dis qu'il n'y faut toucher qu'avec une circonspection extrême. En ce moment on est plus frappé des abus que des avantages. Le tems viendra, je le crains , qu'on sentira mieux ces avantages , & malheureusement ce sera quand on les aura perdus.

Qu'il soit aisé , si l'on veut , de faire de meilleures loix. Il est impossible d'en faire dont les passions des hommes n'abusent pas comme ils ont abusé des premieres. Prévoir & peser tous ces abus à venir est peut-être une chose impossible à l'homme d'Etat le plus consommé. Mettre la loi au-dessus de l'homme est un problême en politique, que je compare à celui de la quadrature du cercle en géométrie. Résolvez bien ce problême, & le Gouvernement fondé sur cette solution sera bon & sans abus. Mais jusques-là, soyez surs qu'où vous croirez faire régner les loix, ce seront les hommes qui régneront.

Il n'y aura jamais de bonne & solide constitution que celle où la loi régnera sur les cœurs des citoyens : tant que la force législative n'ira pas jusques-là les loix seront toujours éludées. Mais comment arriver aux cœurs ? c'est à quoi nos instituteurs qui ne voient jamais que la force & les châtimens, ne songent gueres, & c'est à quoi les récompenses matérielles ne meneroient peut-être pas mieux ; la justice même la plus integre n'y mene pas, parce que la justice est ainsi que la santé un bien dont on jouit sans le sentir, qui n'inspire point d'enthousiasme, & dont on ne sent le prix qu'après l'avoir perdu.

Par où donc émouvoir les cœurs, & faire

aimer la patrie & ſes loix ? L'oſerai-je dire ?
par des jeux d'enfans : par des inſtitutions
oiſeuſes aux yeux des hommes ſuperficiels ,
mais qui forment des habitudes chéries &
des attachemens inviſibles. Si j'extravague
ici , c'eſt du moins bien complétement ; car
j'avoue que je vois ma folie ſous tous les
traits de la raiſon.

CHAPITRE II.

Esprit des anciennes Institutions.

QUAND on lit l'histoire ancienne, on se croit transporté dans un autre univers & parmi d'autres êtres. Qu'ont de commun les François, les Anglois, les Russes avec les Romains & les Grecs ? Rien presque que la figure. Les fortes ames de ceux-ci paroissent aux autres des exagérations de l'histoire. Comment eux qui se sentent si petits penseroient-ils qu'il y ait eu de si grands hommes ? Ils existèrent pourtant, & c'étoient des humains comme eux : Nos préjugés, notre basse philosophie, & les passions du petit intérêt, concentrées avec l'égoïsme dans tous les cœurs, par des institutions ineptes que le génie ne dicta jamais.

Je regarde les nations modernes. J'y vois force faiseurs de loix & pas un législateur. Chez les anciens, j'en vois trois principaux qui méritent une attention particuliere. Moïse, Lycurgue & Numa. Tous trois ont mis leurs principaux foins à des objets qui paroîtroient à nos docteurs dignes de rifée. Tous trois ont eu des fuccès qu'on jugeroit impoſſibles, s'ils étoient moins atteſtés.

Le premier forma & exécuta l'étonnante entreprife d'inſtituer en corps de nation un eſſaim de malheureux fugitifs, fans arts, fans armes, fans talens, fans vertus, fans courage, & qui n'ayant pas en propre un feul pouce de terrain, faifoit une troupe étrangere fur la face de la terre. Moïfe ofa faire de cette troupe errante & fervile un corps politique, un peuple libre ; & tandis qu'elle erroit dans les déferts fans avoir une pierre pour y repofer fa tête, il lui donnoit cette inſtitution durable, à l'épreuve du tems, de la fortune & des conquérans, que cinq mille ans n'ont pu détruire ni même altérer, & qui fubfifte encore aujourd'hui dans toute fa force, lors même que le corps de la nation ne fubfifte plus.

Pour empêcher que fon peuple ne fe fondît parmi les peuples étrangers, il lui donna des mœurs & des ufages inalliables avec ceux des autres nations ; il le furchargea de rites, de cérémonies particulieres ; il le gêna de mille façons pour le tenir sans cesse en haleine & le rendre toujours étranger parmi les autres hommes, & tous les liens de fraternité qu'il mit entre les membres de sa république, étoient autant de barrieres qui le tenoient séparé de ses voisins & l'empêchoient de se mêler avec eux. C'est par-là que cette singuliere Nation, si souvent subjuguée, si souvent dispersée & détruite en apparence, mais toujours idolâtre de sa regle, s'est pourtant conservée jusqu'à nos jours éparse parmi les autres sans s'y confondre, & que ses mœurs, ses loix, ses rites subsistent & dureront autan que le monde, malgré la haine & la persécution du reste du genre-humain.

Lycurgue entreprit d'instituer un peuple déja dégradé par la servitude & par les vices qui en font l'effet. Il lui imposa un joug de fer, tel qu'aucun autre peuple n'en porta jamais un semblable; mais il l'attacha, l'identifia, pour ainsi dire, à ce joug, en l'occupant toujours. Il lui montra sans cesse la patrie dans ses loix, dans ses jeux, dans sa maison, dans ses amours, dans ses festins. Il ne lui laissa pas un instant de relâche pour être à lui seul; & de cette continuelle contrainte, ennoblie par son objet, naquit en lui cet ardent amour de la patrie, qui fut toujours la plus forte ou plutôt l'unique passion des Spartiates, & qui en fit des êtres au-dessus de l'humanité. Sparte n'étoit qu'une ville, il est vrai; mais par la seule force de son institution, cette ville donna des loix à toute la Grece, en devint la capitale, & fit trembler l'Empire Persan. Sparte étoit le foyer d'où sa législation étendoit ses effets tout au-tour d'elle.

Ceux qui n'ont vu dans Numa qu'un instituteur de rites & de cérémonies religieuses, ont bien mal jugé ce grand homme. Si Romulus n'eût fait qu'assembler des brigands qu'un revers pouvoit disperser, son ouvrage imparfait n'eût pu résister au tems. Ce fut Numa qui le rendit solide & durable en unissant ces brigands en un corps indissoluble, en les transformant en citoyens, moins par des loix, dont leur rustique pauvreté n'avoit gueres encore besoin, que par des institutions douces qui les attachoient les uns aux autres, & tous à leur sol, en rendant enfin leur ville sacrée par ces rites frivoles & superstitieux en apparence, dont si peu de gens sentent la force & l'effet, & dont cependant Romulus, le farouche Romulus lui-même avoit jetté les premiers fondemens.

Le même esprit guida tous les anciens législateurs dans leurs institutions. Tous cherchèrent dés liens qui attachassent les citoyens à la patrie & les uns aux autres, & ils les trouverent dans des usages particuliers, dans des cérémonies religieuses qui par leur nature étoient toujours exclusives & nationales (*), dans des jeux qui tenoient beaucoup les citoyens rassemblés, dans des exercices qui augmentoient avec leur vigueur & leurs forces leur fierté & l'estime d'eux-mêmes, dans des spectacles qui leur rappellant l'histoire de leurs ancêtres, leurs malheurs, leurs vertus, leurs victoires, intéressoient leurs cœurs, les enflammoient d'une vive émulation, & les attachoient fortement à cette partie dont on ne cessoit de les occuper. Ce sont les poésies d'Homere récitées aux Grecs solemnellement assemblés, non dans des coffres, sur des planches & l'argent à la main, mais en plein air & en corps de nation ; ce sont les tragédies

(*) Voyez la fin du Contrat Social.

d'Eschyle,

d'Eſchyle, de Sophocle & d'Euripide, re-
préſentées ſouvent devant eux ; ce ſont les
prix dont, aux acclamations de toute la
Grece on couronnoit les vainqueurs dans leurs
jeux, qui les embraſant continuellement d'é-
mulation & de gloire, porterent leur courage & leurs vertus à ce degré d'énergie dont
rien aujourd'hui. ne nous donne l'idée, &
qu'il n'appartient pas même aux modernes
de croire. S'ils ont des loix, c'eſt uniquement
pour leur apprendre à bien obéir à leurs
maîtres, à ne pas voler dans les poches, & à
donner beaucoup d'argent aux fripons publics. S'ils ont des uſages, c'eſt pour ſavoir
amuſer l'oiſiveté des femmes galantes & pro-
mener la leur avec grace. S'ils s'aſſemblent,
c'eſt dans des temples pour un culte qui n'a
rien de national, qui ne rappelle en rien la
patrie ; c'eſt dans des ſalles bien fermées & à
prix d'argent, pour voir ſur des théatres efféminés, diſſolus, où l'on ne fait parler que
d'amour, déclamer des hiſtrions, minauder
des proſtituées, & pour y prendre des leçons
de corruption, les ſeules qui profitent de
toutes celles qu'on fait ſemblant d'y donner ;
c'eſt dans des fêtes où le peuple toujours

méprisé est toujours sans influence, où le blâme & l'approbation publique ne produisent rien; c'est dans des cohues licencieuses pour s'y faire des liaisons secretes, pour y chercher les plaisirs qui séparent, isolent le plus les hommes, & qui relâchent le plus les cœurs. Sont-ce là des stimulans pour le patriotisme? Faut-il s'étonner que des manieres de vivre si dissemblables produisent des effets si différens, & que les modernes ne retrouvent plus rien en eux de cette vigueur d'ame que tout inspiroit aux anciens? Pardonnez ces digressions à un reste de chaleur que vous avez ranimée. Je reviens avec plaisir à celui de tous les peuples d'aujourd'hui qui m'éloigne le moins de ceux dont je viens de parler.

CHAPITRE III.

Application.

LA Pologne eſt un grand Etat environné d'Etats encore plus conſidérables, qui par leur deſpotiſme & par leur diſcipline militaire ont une grande force offenſive. Foible au contraire par ſon anarchie, elle eſt, malgré la valeur Polonoiſe, en butte à tous leurs outrages. Elle n'a point de places fortes pour arrêter leurs incurſions. Sa dépopulation la met preſque abſolument hors d'état de défenſe. Aucun ordre économique, peu ou point de troupes, nulle diſcipline militaire, nul ordre, nulle ſubordination ; toujours diviſée au dedans, toujours menacée au dehors, elle n'a par elle-même aucune conſiſtance & dépend du caprice de ſes voiſins. Je ne vois dans l'état préſent des choſes qu'un ſeul moyen de lui donner cette conſiſtance qui lui manque. C'eſt d'infuſer, pour ainſi dire, dans toute la nation l'ame des confédérés ; c'eſt d'établir tellement la République dans les cœurs des Polonois, qu'elle y subsiste malgré tous les efforts de ses oppresseurs. C'est-là, ce me semble, l'unique asyle où la force ne peut ni l'atteindre ni la détruire. On vient d'en voir une preuve à jamais mémorable. La Pologne étoit dans les fers du Russe, mais les Polonois sont restés libres. Grand exemple qui vous montre comment vous pouvez braver la puissance & l'ambition de vos voisins. Vous ne sauriez empêcher qu'ils ne vous engloutissent, faites au moins qu'ils ne puissent vous digérer. De quelque façon qu'on s'y prenne, avant qu'on ait donné à la Pologne tout ce qui lui manque pour être en état de résister à ses ennemis, elle en sera cent fois accablée. La vertu de ses citoyens, leur zele patriotique, la forme particuliere que des institutions nationales peuvent donner à leurs ames, voilà le seul rempart toujours prêt à la défendre, & qu'aucune armée ne sauroit forcer. Si vous faites en sorte qu'un Polonois ne puisse jamais devenir un Russe, je vous réponds que la Russie ne subjuguera pas la Pologne.

Ce sont les institutions nationales qui forment le génie, le caractere, les goûts & les

mœurs d'un peuple, qui le font être lui &
non pas un autre, qui lui inspirent cet ardent
amour de la patrie fondé sur des habitudes
impossibles à déraciner, qui le font mourir
d'ennui chez les autres peuples, au sein des
délices dont il est privé dans son pays. Sou-
venez-vous de ce Spartiate gorgé des voluptés
de la cour du grand Roi, à qui l'on repro-
choit de regretter la sauce noire. Ah ! dit-il
au Satrape en soupirant ; je connois tes plaisirs ; mais tu ne connois pas les nôtres.

Il n'y a plus aujourd'hui de François,
d'Allemands, d'Espagnols, d'Anglois même
quoi qu'on en dise ; il n'y a que des Euro-
péens. Tous ont les mêmes goûts, les mêmes
passions, les mêmes mœurs, parce qu'aucun
n'a reçu de forme nationale par une institution
particuliere. Tous dans les mêmes circonstan-
ces feront les mêmes choses ; tous se diront
désintéressés & seront fripons ; tous parleront
du bien public & ne penseront qu'à eux-
mêmes ; tous vanteront la médiocrité, &
voudront être des Crésus ; ils n'ont d'ambition que pour le luxe, ils n'ont de passion
que celle de l'or. Sûrs d'avoir avec lui tout
ce qui les tente, tous se vendront au pre-

mier qui voudra les payer. Que leur importe à quel maître ils obéiſſent, de quel état ils ſuivent les loix ? Pourvu qu'ils trouvent de l'argent à voler & des femmes à corrompre, ils ſont par-tout dans leur pays.

Donnez une autre pente aux paſſions des Polonois, vous donnerez à leurs ames une phyſionomie nationale qui les diſtinguera des autres peuples, qui les empêchera de ſe fondre, de ſe plaire, de s'allier avec eux, une vigueur qui remplacera le jeu abuſif des vains préceptes ; qui leur fera faire par goût & par paſſion, ce qu'on ne fait jamais aſſez bien quand on ne le fait que par devoir ou par intérêt. C'eſt ſur ces ames-là qu'une légiſlation bien appropriée aura priſe. Ils obéiront aux loix & ne les éluderont pas, parce qu'elles leur conviendront & qu'elles auront l'aſſentiment interne de leur volonté. Aimant la patrie, ils la ſerviront par zele & de tout leur cœur. Avec ce ſeul ſentiment la légiſlation, fût-elle mauvaiſe, feroit de bons citoyens; & il n'y a jamais que les bons citoyens qui faſſent la force & la proſpérité de l'Etat.

J'expliquerai ci-après le régime d'admi-

niftration qui, fans prefque toucher au fond
de vos loix, me paroît propre à porter le
patriotifme & les vertus qui en font inféparables au plus haut degré d'intenfité qu'ils
puiffent avoir. Mais, foit que vous adoptiez
ou non ce régime, commencez toujours par
donner aux Polonois une grande opinion
d'eux - mêmes & de leur patrie : après la
façon dont ils viennent de fe montrer cette
opinion ne fera pas fauffe. Il faut faifir la
circonftance de l'événement préfent pour
monter les ames au ton des ames antiques.
Il eft certain que la confédération de Bar a
fauvé la patrie expirante. Il faut graver cette
grande époque en caracteres facrés dans tous
les cœurs Polonois. Je voudrois qu'on éri-
geât un monument en fa mémoire, qu'on
y mît les noms de tous les confédérés,
même de ceux qui dans la fuite auroient pu
trahir la caufe commune ; une fi grande
action doit effacer les fautes de toute la vie ;
qu'on inftituât une folemnité périodique pour
la célébrer tous les dix ans avec une pompe
non brillante & frivole, mais fimple, fiere
& républicaine ; qu'on y fît dignement,
mais fans emphafe, l'éloge de ces vertueux

citoyens qui ont eu l'honneur de souffrir pour la patrie dans les fers de l'ennemi ; qu'on accordât même à leurs familles quelque privilége honorifique, qui rappelât toujours ce beau souvenir aux yeux du public. Je ne voudrois pourtant pas qu'on se permît dans ces solemnités aucune invective contre les Russes, ni même qu'on en parlât. Ce seroit trop les honorer. Ce silence, le souvenir de leur barbarie, & l'éloge de ceux qui leur ont résisté diront d'eux tout ce qu'il en faut dire ; vous devez trop les mépriser pour les haïr.

Je voudrois que par des honneurs, par des récompenses publiques, on donnât de l'éclat à toutes les vertus patriotiques, qu'on occupât sans cesse les citoyens de la patrie, qu'on en fît leur plus grande affaire, qu'on la tînt incessamment sous leurs yeux. De cette maniere ils auroient moins, je l'avoue, les moyens & le tems de s'enrichir, mais ils en auroient moins aussi le desir & le besoin : leurs cœurs apprendroient à connoître un autre bonheur que celui de la fortune, & voilà l'art d'ennoblir les ames & d'en faire un instrument plus puissant que l'or.

L'expofé fuccinct des mœurs des Polonois, qu'a bien voulu me communiquer M. Wielhorski, ne fuffit pas pour me mettre au fait de leurs ufages civils & domeftiques. Mais une grande nation qui ne s'eft jamais trop mêlée avec fes voifins, doit en avoir beaucoup qui lui foient propres, & qui peut-être s'abâtardiffent journellement par la pente générale en Europe de prendre les goûts & les mœurs des François. Il faut maintenir, rétablir ces anciens ufages & en introduire de convenables, qui foient propres aux Polonois. Ces ufages, fuffent - ils indifférens, fuffent - ils mauvais même à certains égards, pourvu qu'ils ne le foient pas effentiellement, auront toujours l'avantage d'affectionner les Polonois à leur Pays, & de leur donner une répugnance naturelle à fe mêler avec l'Etranger. Je regarde comme un bonheur qu'ils aient un habillement particulier. Confervez avec foin cet avantage : faites exactement le contraire de ce que fit ce Czar fi vanté. Que le Roi ni les Sénateurs, ni aucun homme public ne portent jamais d'autre vêtement que celui de la nation, & que nul Polonois

n'ose paroître à la Cour vêtu à la Fran-
çoise.

Beaucoup de jeux publics où la bonne mere
patrie se plaise à voir jouer ses enfans. Qu'elle
s'occupe d'eux souvent afin qu'ils s'occupent
toujours d'elle. Il faut abolir, même à la
cour, à cause de l'exemple, les amusemens
ordinaires des cours, le jeu, les théatres,
comédie, opéra, tout ce qui effémine les
hommes, tout ce qui les distrait, les isole,
leur fait oublier leur patrie & leur devoir,
tout ce qui les fait trouver bien par-tout
pourvu qu'ils s'amusent; il faut inventer des
jeux, des fêtes, des solemnités qui soient
si propres à cette cour-là qu'on ne les re-
trouve dans aucune autre. Il faut qu'on
s'amuse en Pologne plus que dans les autres
pays, mais non pas de la même maniere. Il
faut en un mot renverser un exécrable pro-
verbe, & faire dire à tout Polonois au fond
de son cœur : *Ubi patria, ibi bene.*

Rien s'il se peut d'exclusif pour les grands
& les riches. Beaucoup de spectacles en plein
air, où les rangs soient distingués avec soin,
mais où tout le peuple prenne part également,

comme chez les anciens , & où dans certaines occasions la jeune nobleffe faffe preuve de force & d'adreffe. Les combats des taureaux n'ont pas peu contribué à maintenir une certaine vigueur chez la nation Efpagnole. Ces cirques où s'exerçoit jadis la jeuneffe en Pologne devroient être foigneufement rétablis : on en devroit faire pour elle des théatres d'honneur & d'émulation. Rien ne feroit plus aifé que d'y fubftituer aux anciens combats , des exercices moins cruels , où cependant la force & l'adreffe auroient part , & où les victorieux auroient de même des honneurs & des récompenfes. Le maniement des chevaux eft par exemple un exercice très-convenable aux Polonois & très-fufceptible de l'éclat du fpectacle.

Les héros d'Homere fe diftinguoient tous par leur force & leur adreffe, & par-là montroient aux yeux du peuple qu'ils étoient faits pour lui commander. Les tournois des paladins formoient des hommes non-feulement vaillans & courageux , mais avides d'honneur & de gloire, & propres à toutes les vertus. L'ufage des armes à feu rendant ces facultés du corps moins utiles à la guerre, les a fait tomber en discrédit. Il arrive de-là que, hors les qualités de l'esprit qui font souvent équivoques, déplacées, sur lesquelles on a mille moyens de tromper, & dont le peuple est mauvais juge, un homme avec l'avantage de la naissance n'a rien en lui qui le distingue d'un autre, qui justifie la fortune, qui montre dans sa personne un droit naturel à la supériorité, & plus on néglige ces signes extérieurs, plus ceux qui nous gouvernent s'efféminent & se corrompent impunément. Il importe pourtant, & plus qu'on ne pense, que ceux qui doivent un jour commander aux autres, se montrent dès leur jeunesse supérieurs à eux de tout point, ou du moins qu'ils y tâchent. Il est bon de plus, que le peuple se trouve souvent avec ses chefs dans des occasions agréables, qu'il les connoisse, qu'il s'accoutume à les voir, qu'il partage avec eux ses plaisirs. Pourvu que la subordination soit toujours gardée, & qu'il ne se confonde point avec eux, c'est le moyen qu'il s'y affectionne & qu'il joigne pour eux l'attachement au respect. Enfin le goût des exercices corporels détourne d'une oisiveté dangereuse, des plai-

sirs

firs efféminés & du luxe de l'efprit. C'eft fur-
tout à caufe de l'ame qu'il faut exercer le
corps, & voilà ce que nos petits fages font
loin de voir.

Ne négligez point une certaine décoration
publique; qu'elle foit noble, impofante,
& que la magnificence foit dans les hommes
plus que dans les chofes. On ne fauroit croire
à quel point le cœur du peuple fuit fes yeux,
& combien la majefté du cérémonial lui en
impofe. Cela donne à l'autorité un air d'ordre
& de regle qui infpire la confiance & qui
écarte les idées de caprice & de fantaifie attachées à celles du pouvoir arbitraire. Il faut
feulement éviter dans l'appareil des folem-
nités, le clinquant, le papillotage & les dé-
corations de luxe qui font d'ufage dans les
cours. Les fêtes d'un peuple libre doivent
toujours refpirer la décence & la gravité, &
l'on n'y doit préfenter à fon admiration que
des objets dignes de fon eftime. Les Romains
dans leurs triomphes étaloient un luxe énorme;
mais c'étoit le luxe des vaincus, plus il bril-
loit, moins il féduifoit. Son éclat même étoit
une grande leçon pour les Romains. Les rois
captifs étoient enchaînés avec des chaînes d'or

& de pierreries. Voilà du luxe bien entendu. Souvent on vient au même but par deux routes oppofées. Les deux balles de laine mifes dans la chambre des pairs d'Angleterre devant la place du chancelier, forment à mes yeux une décoration touchante & fublime. Deux gerbes de bled placées de même dans le Sénat de Pologne, n'y feroient pas un moins bel effet à mon gré.

L'immenfe diftance des fortunes qui fépare les feigneurs de la petite noblefle, eft un grand obftacle aux réformes néceffaires pour faire de l'amour de la patrie la paffion dominante. Tant que le luxe régnera chez les Grands, la cupidité régnera dans tous les cœurs. Toujours l'objet de l'admiration publique fera celui des vœux des particuliers, & s'il faut être riche pour briller, la paffion dominante fera toujours d'être riche. Grand moyen de corruption qu'il faut affoiblir autant qu'il eft poffible. Si d'autres objets attrayans, fi des marques de rang diftinguoient les hommes en place, ceux qui ne feroient que riches en feroient privés, les vœux fecrets prendroient naturellement la route de ces diftinctions honorables, c'eft-à-dire, celles du mérite & de la vertu, quand on ne parviendroit que par-là. Souvent les consuls de Rome étoient très-pauvres, mais ils avoient des licteurs, l'appareil de ces licteurs fut convoité par le peuple, & les Plébéïens parvinrent au consulat.

Oter tout-à fait le luxe où regne l'inégalité, me paroît, je l'avoue, une entreprise bien difficile. Mais n'y auroit-il pas moyen de changer les objets de ce luxe, & d'en rendre l'exemple moins pernicieux ? Par exemple, autrefois la pauvre noblesse en Pologne s'attachoit aux Grands qui lui donnoient l'éducation & la subsistance à leur suite. Voilà un luxe vraiment grand & noble, dont je sens parfaitement l'inconvénient, mais qui du moins loin d'avilir les ames, les éleve, leur donne des sentimens, du ressort, & fut sans abus chez les Romains tant que dura la République. J'ai lu que le Duc d'Epernon rencontrant un jour le Duc de Sully vouloit lui chercher querelle, mais que n'ayant que six cents gentilshommes à sa suite, il n'osa attaquer Sully qui en avoit huit cents. Je doute qu'un luxe de cette espece laisse une

grande place à celui des colifichets, & l'exemple du moins n'en séduira pas les pauvres. Ra-
menez les Grands en Pologne à n'en avoir
que de ce genre, il en résultera peut-être des
divisions, des partis, des querelles, mais il
ne corrompra pas la nation. Après celui-là
tolérons le luxe militaire, celui des armes,
des chevaux, mais que toute parure effé-
minée soit en mépris, & si l'on n'y peut
faire renoncer les femmes, qu'on leur ap-
prenne au moins à l'improuver & dédaigner
dans les hommes.

Au reste, ce n'est pas par des loix somptuaires qu'on vient à bout d'extirper le luxe.
C'est du fond des cœurs qu'il faut l'arracher,
en y imprimant des goûts plus sains & plus
nobles. Défendre les choses qu'on ne doit
pas faire est un expédient inepte & vain, si
l'on ne commence par les faire haïr & mépriser, & jamais l'improbation de la loi n'est
efficace que quand elle vient à l'appui de
celle du jugement. Quiconque se mêle d'instituer un peuple, doit savoir dominer les opinions, & par elles gouverner les passions des
hommes. Cela est vrai sur-tout dans l'objet

dont je parle. Les loix fomptuaires irritent le defir par la contrainte , plutôt qu'elles ne l'éteignent par le châtiment. La fimplicité dans les mœurs & dans la parure eft moins le fruit de la loi que celui de l'éducation.

CHAPITRE IV.

Education.

C'EST ici l'article important. C'eſt l'éducation qui doit donner aux ames la forme nationale & diriger tellement leurs opinions & leurs goûts qu'elles ſoient patriotes par inclination, par paſſion, par néceſſité. Un enfant en ouvrant les yeux doit voir la patrie, & juſqu'à la mort ne doit plus voir qu'elle. Tout vrai Républicain ſuça avec le lait de ſa mere l'amour de ſa patrie, c'eſt-à-dire, des loix & de la liberté. Cet amour fait toute ſon exiſtence ; il ne voit que la patrie, il ne vit que pour elle ; ſitôt qu'il eſt ſeul, il eſt nul : ſitôt qu'il n'a plus de patrie, il n'eſt plus ; & s'il n'eſt pas mort, il eſt pis.

L'éducation nationale n'appartient qu'aux hommes libres ; il n'y a qu'eux qui aient une exiſtence commune & qui ſoient vraiment liés par la loi. Un François, un Anglois, un Eſpagnol, un Italien, un Ruſſe ſont tous à-peu-près le même homme ; il ſort du collége déja tout façonné pour la licence, c'eſt-à-dire, pour la ſervitude. A vingt ans un Polonois ne doit pas être un autre homme; il doit être un Polonois. Je veux qu'en apprenant à lire, il liſe des choſes de ſon pays, qu'à dix ans il en connoiſſe toutes les productions, à douze toutes les provinces, tous les chemins, toutes les villes, qu'à quinze il en ſache toute l'hiſtoire, à ſeize toutes les loix, qu'il n'y ait pas eu dans toute la Pologne une belle action, ni un homme illuſtre dont il n'ait la mémoire & le cœur pleins, & dont il ne puiſſe rendre compte à l'inſtant. On peut juger par-là que ce ne ſont pas les études ordinaires dirigées par des étrangers & des prêtres, que je voudrois faire ſuivre aux enfans. La loi doit régler la matiere, l'ordre & la forme de leurs études. Ils ne doivent avoir pour inſtituteurs que des Polonois, tous mariés s'il eſt poſſible, tous diſtingués par leurs mœurs, par leur probité, par leur bon ſens, par leurs lumieres, & tous deſtinés à des emplois, non plus importans, ni plus honorables, car cela n'eſt pas poſſible, mais moins pénibles & plus éclatans, lorſqu'au bout d'un certain nombre d'années,

ils auront bien rempli celui-là. Gardez-vous
sur-tout de faire un métier de l'état de péda-
gogue. Tout homme public en Pologne ne
doit avoir d'autre état permanent que celui
de citoyen. Tous les postes qu'il remplit, &
sur-tout ceux qui sont importans comme
celui - ci, ne doivent être considérés que
comme des places d'épreuve & des degrés
pour monter plus haut après l'avoir mérité.
J'exhorte les Polonois à faire attention à cette
maxime, sur laquelle j'insisterai souvent : je
la crois la clef d'un grand ressort dans l'Etat.
On verra ci-après comment on peut, à mon
avis, la rendre praticable sans exception.

Je n'aime point ces distinctions de colléges
& d'académies qui font que la noblesse riche
& la noblesse pauvre sont élevées différem-
ment & séparément. Tous étant égaux par la
constitution de l'Etat doivent être élevés ensemble & de la même maniere, & si l'on ne
peut établir une éducation publique tout-à-
fait gratuite, il faut du moins la mettre à
un prix que les pauvres puissent payer. Ne
pourroit-on pas fonder dans chaque collége
un certain nombre de places purement gratuites, c'est-à-dire, aux frais de l'Etat, &

qu'on appelle en France des Bourfes ? Ces places données aux enfans des pauvres gentilshommes qui auroient bien mérité de la patrie, non comme une aumône, mais comme une récompenfe des bons fervices des peres, deviendroient à ce titre honorables & pourroient produire un double avantage qui ne feroit pas à négliger. Il faudroit pour cela que la nomination n'en fût pas arbitraire, mais fe fît par une efpece de jugement dont je parlerai ci-après. Ceux qui rempliroient ces places feroient appelés enfans de l'Etat & diftingués par quelque marque honorable qui donneroit la préféance fur les autres enfans de leur âge fans excepter ceux des Grands.

Dans tous les colléges il faut établir un gymnafe ou lieu d'exercices corporels pour les enfans. Cet article fi négligé eft felon moi la partie la plus importante de l'éducation, non-feulement pour former des tempéramens robuftes & fains, mais encore plus pour l'objet moral qu'on néglige ou qu'on ne remplit que par un tas de préceptes pédantefques & vains, qui font autant de paroles perdues. Je ne redirai jamais affez

que la bonne éducation doit être négative.
Empêchez les vices de naître, vous aurez
affez fait pour la vertu. Le moyen en eft de
la derniere facilité dans la bonne éducation
publique ; c'eft de tenir toujours les enfans
en haleine , non par d'ennuyeufes études où
ils n'entendent rien & qu'ils prennent en
haine par cela feul qu'ils font forcés de
refter en place ; mais par des exercices qui
leur plaifent en fatisfaifant au befoin qu'en
croiffant a leur corps de s'agiter , & dont
l'agrément pour eux ne fe bornera pas là.

On ne doit point permettre qu'ils jouent
féparément à leur fantaifie , mais tous enfemble & en public , de maniere qu'il y ait
toujours un but commun auquel tous afpirent & qui excite la concurrence & l'émulation. Les parens qui préféreront l'éducation
domeftique & feront élever leurs enfans fous
leurs yeux , doivent cependant les envoyer
à ces exercices. Leur inftruction peut être domeftique & particuliere , mais leurs jeux doivent toujours être publics & communs à
tous ; car il ne s'agit pas feulement ici de
les occuper, de leur former une conftitution
robufte , de les rendre agiles & découplés ;

mais de les accoutumer de bonne heure à la regle, à l'égalité, à la fraternité, aux concurrences, à vivre sous les yeux de leurs concitoyens & à desirer l'approbation publique. Pour cela il ne faut pas que les prix & récompenses des vainqueurs soient distribués arbitrairement par les maîtres des exercices, ni par les chefs des colléges, mais par acclamation & au jugement des spectateurs ; & l'on peut compter que ces jugemens seront toujours justes, sur-tout si l'on a soin de rendre ces jeux attirans pour le public en les ordonnant avec un peu d'appareil & de façon qu'ils fassent spectacle. Alors il est à présumer que tous les honnêtes-gens & tous les bons patriotes se feront un devoir & un plaisir d'y assister.

A Berne il y a un exercice bien singulier pour les jeunes Patriciens qui sortent du collége. C'est ce qu'on appelle *l'Etat extérieur.* C'est une copie en petit de tout ce qui compose le Gouvernement de la République. Un Sénat, des Avoyers, des Officiers, des Huissiers, des Orateurs, des causes, des jugemens, des solemnités. L'état extérieur a même un petit gouvernement &

quelques rentes, & cette inſtitution autoriſée & protégée par le Souverain, eſt la pépiniere des hommes d'Etat qui dirigeront un jour les affaires publiques dans les mêmes emplois qu'ils n'exercent d'abord que par jeu.

Quelque forme qu'on donne à l'éducation publique, dont je n'entreprends pas ici le détail, il convient d'établir un collége de magiſtrats du premier rang qui en ait la ſuprême adminiſtration, & qui nomme, révoque & change à ſa volonté tant les principaux & chefs des colléges, leſquels ſeront eux-mêmes, comme je l'ai déja dit, des Candidats pour les hautes magiſtratures, que les maîtres des exercices dont on aura ſoin d'exciter auſſi le zele & la vigilance par des places plus élevées qui leur ſeront ouvertes ou fermées ſelon la maniere dont ils auront rempli celles-là. Comme c'eſt de ces établiſſemens que dépend l'eſpoir de la République, la gloire & le ſort de la nation, je les trouve, je l'avoue, d'une importance que je ſuis bien ſurpris qu'on n'ait ſongé à leur donner nulle part. Je ſuis affligé pour l'humanité que tant d'idées qui me paroiſſent bonnes & utiles ſe trouvent toujours, quoi-

que

que très-praticables, si loin de tout ce qui se fait.

Au reste, je ne fais ici qu'indiquer, mais c'est assez pour ceux à qui je m'adresse. Ces idées mal développées montrent de loin les routes inconnues aux modernes par lesquelles les anciens menoient les hommes à cette vigueur d'ame, à ce zele patriotique, à cette estime pour les qualités vraiment personnelles sans égard à ce qui n'est qu'étranger à l'homme, qui sont parmi nous sans exemple, mais dont les levains dans les cœurs de tous les hommes n'attendent pour fermenter que d'être mis en action par des institutions convenables. Dirigez dans cet esprit l'éducation, les usages, les coutumes, les mœurs des Polonois, vous développerez en eux ce levain qui n'est pas encore éventé par des maximes corrompues, par des institutions usées, par une philosophie égoïste qui prêche & qui tue. La nation datera sa seconde naissance de la crise terrible dont elle sort, & voyant ce qu'ont fait ses membres encore indisciplinés, elle attendra beaucoup & obtiendra davantage d'une institution bien pondérée ; elle chérira, elle respectera des loix qui flatteront son noble orgueil, qui la rendront, qui la maintiendront heureuse & libre; arrachant de son sein les passions qui les éludent, elle y nourrira celles qui les font aimer. Enfin se renouvellant, pour ainsi dire elle-même, elle reprendra dans ce nouvel âge toute la vigueur d'une nation naissante. Mais sans ces précautions n'attendez rien de vos loix; quelque sages, quelque prévoyantes qu'elles puissent être, elles seront éludées & vaines, & vous aurez corrigé quelques abus qui vous blessent, pour en introduire d'autres que vous n'aurez pas prévus. Voilà des préliminaires que j'ai crus indispensables. Jettons maintenant les yeux sur la constitution.

CHAPITRE V.

Vice radical.

ÉVITONS s'il se peut de nous jetter dès les premiers pas dans des projets chimériques. Quelle entreprise, Messieurs, vous occupe en ce moment ? Celle de réformer le Gouvernement de Pologne, c'est-à-dire, de donner à la constitution d'un grand Royaume la consistance & la vigueur de celle d'une petite République. Avant de travailler à l'exécution de ce projet, il faudroit voir d'abord s'il est possible d'y réussir. Grandeur des Nations ! Etendue des Etats ! premiere & principale source des malheurs du genre-humain, & sur-tout des calamités sans nombre qui minent & détruisent les peuples policés. Presque tous les petits Etats, Républiques & Monarchies indifféremment, prosperent par cela seul qu'ils sont petits, que tous les citoyens s'y connoissent mutuellement & s'entre-gardent, que les chefs peuvent voir par eux-mêmes le

mal qui fe fait, le bien qu'ils ont à faire, &
que leurs ordres s'exécutent fous leurs yeux.
Tous les grands peuples écrafés par leurs
propres maſſes gémiſſent, ou comme vous
dans l'anarchie, ou fous les oppreſſeurs fubal-
ternes qu'une gradation néceſſaire force les
Rois de leur donner. Il n'y a que Dieu qui
puiſſe gouverner le monde, & il faudroit des
facultés plus qu'humaines pour gouverner de
grandes nations. Il eſt étonnant, il eſt prodigieux que la vaſte étendue de la Pologne n'ait
pas déja cent fois opéré la converſion du Gouvernement en defpotifme, abâtardi les ames
des Polonois & corrompu la maſſe de la nation. C'eſt un exemple unique dans l'hiſtoire
qu'après des fiécles un pareil Etat n'en foit
encore qu'à l'anarchie. La lenteur de ce progrès eſt due à des avantages inféparables des
inconvéniens dont vous voulez vous délivrer.
Ah ! je ne faurois trop le redire ; penfez-y
bien avant de toucher à vos loix, & fur-tout
à celles qui vous firent ce que vous êtes. La
premiere réforme dont vous auriez befoin
feroit celle de votre étendue. Vos vaſtes provinces ne comporteront jamais la févere ad-

miniſtration des petites Républiques. Commencez par reſſerrer vos limites ſi vous voulez réformer votre Gouvernement. Peut-être vos voiſins ſongent-ils à vous rendre ce ſervice. Ce ſeroit ſans doute un grand mal pour les parties démembrées ; mais ce ſeroit un grand bien pour le Corps de la nation.

Que ſi ces retranchemens n'ont pas lieu, je ne vois qu'un moyen qui pût y ſuppléer peut-être, & ce qui eſt heureux, ce moyen eſt déja dans l'eſprit de votre inſtitution. Que la ſéparation des deux Polognes ſoit auſſi marquée que celle de la Lithuanie : ayez trois Etats réunis en un. Je voudrois, s'il étoit poſſible, que vous en euſſiez autant que de Palatinats ; formez dans chacun autant d'adminiſtrations particulieres. Perfectionnez la forme des Diétines, étendez leur autorité dans leurs Palatinats reſpectifs ; mais marquez-en ſoigneuſement les bornes, & faites que rien ne puiſſe rompre entr'elles le lien de la commune légiſlation & de la ſubordination au Corps de la Rébublique. En un mot, appliquez-vous à étendre & perfectionner le ſyſtême des Gouvernemens fédératifs, le seul qui réunisse les avantages des grands & des petits Etats, & par-là le seul qui puisse vous convenir. Si vous négligez ce conseil, je doute que jamais vous puissiez faire un bon ouvrage.

CHAPITRE VI.

Queſtion des trois ordres.

JE n'entends gueres parler de Gouvernement ſans trouver qu'on remonte à des principes qui me paroiſſent faux ou louches. La République de Pologne , a-t-on ſouvent dit & répété , eſt compoſée de trois ordres : l'ordre Equeſtre, le Sénat & le Roi. J'aimerois mieux dire que la nation Polonoiſe eſt compoſée de trois ordres ; les nobles qui ſont tout , les bourgeois qui ne ſont rien , & les payſans qui ſont moins que rien. Si l'on compte le Sénat pour un ordre dans l'Etat , pourquoi ne compte-t-on pas auſſi pour tel la chambre des Nonces qui n'eſt pas moins diſtincte & qui n'a pas moins d'autorité ? Bien plus ; cette diviſion, dans le ſens même qu'on la donne eſt évidemment incomplette ; car il y falloit ajouter les miniſtres , qui ne ſont ni Rois , ni Sénateurs , ni Nonces , & qui dans la plus grande indépendance n'en ſont pas moins dépoſitaires de tout le pouvoir exécutif. Comment me fera-t-on jamais comprendre que la partie qui n'existe que par le tout, forme pourtant par rapport au tout un ordre indépendant de lui ? La Pairie en Angleterre, attendu qu'elle est héréditaire, forme, je l'avoue, un ordre existant par lui-même. Mais en Pologne ôtez l'ordre Equestre, il n'y a plus de Sénat, puisque nul ne peut être Sénateur s'il n'est premiérement noble Polonois. De même il n'y a plus de Roi, puisque c'est l'ordre Equestre qui le nomme, & que le Roi ne peut rien sans lui : mais ôtez le Sénat & le Roi, l'ordre Equestre & par lui l'Etat & le Souverain demeurent en leur entier ; & dès demain s'il lui plaît, il y aura un Sénat & un Roi comme auparavant.

Mais pour n'être pas un ordre dans l'Etat, il ne s'ensuit pas que le Sénat n'y soit rien, & quand il n'auroit pas en Corps le dépôt des loix, ses membres indépendamment de l'autorité du Corps, ne le seroient pas moins de la puissance législative, & ce seroit leur ôter le droit qu'ils tiennent de leur naissance que de les empêcher d'y voter en pleine Diete toutes les fois qu'il s'agit de faire ou de révoquer des loix : mais ce n'est plus alors comme sénateurs qu'ils votent, c'est simplement comme citoyens. Sitôt que la puissance législative parle, tout rentre dans l'égalité ; toute autre autorité se tait devant elle ; sa voix est la voix de Dieu sur la terre. Le Roi même qui préside à la Diete, n'a pas alors, je le soutiens, le droit d'y voter, s'il n'est noble Polonois.

On me dira sans doute ici que je prouve trop, & que si les Sénateurs n'ont pas voix comme tels à la Diete, ils ne doivent pas non plus l'avoir comme citoyens, puisque les Membres de l'Ordre Equestre n'y votent pas par eux-mêmes, mais seulement par leurs représentans, au nombre desquels les Sénateurs ne sont pas. Et pourquoi voteroient-ils comme particuliers dans la Diete, puisqu'aucun autre noble, s'il n'est Nonce, n'y peut voter ? Cette objection me paroît solide dans l'état présent des choses ; mais quand les changemens projettés seront faits, elle ne le sera plus, parce qu'alors les Sénateurs eux-mêmes seront des représentans perpétuels de la nation, mais qui ne pourront agir en matiere de légiflation qu'avec le concours de leurs collegues.

Qu'on ne dife donc pas que le concours du Roi, du Sénat, & de l'Ordre Equeftre eft néceffaire pour former une loi. Ce droit n'appartient qu'au feul Ordre Equeftre, dont les Sénateurs font membres comme les Nonces, mais où le Sénat en Corps n'entre pour rien. Telle eft ou doit être en Pologne la loi de l'Etat; mais la loi de la nature, cette loi fainte, imprefcriptible, qui parle au cœur de l'homme & à fa raifon, ne permet pas qu'on refferre ainfi l'autorité légiflative, & que les loix obligent quiconque n'y a pas voté perfonnellement comme les Nonces, ou du moins par fes repréfentans comme le Corps de la Nobleffe. On ne viole point impunément cette loi facrée, & l'état de foibleffe où une fi grande nation fe trouve réduite, eft l'ouvrage de cette barbarie féodale, qui fait retrancher du Corps de l'Etat fa partie la plus nombreufe, & quelquefois la plus faine.

A Dieu ne plaife que je croie avoir befoin de prouver ici ce qu'un peu de bon fens &

d'entrailles suffisent pour faire sentir à tout le monde. Et d'où la Pologne prétend-elle tirer la puissance & les forces qu'elle étouffe à plaisir dans son sein ? Nobles Polonois, soyez plus, soyez hommes. Alors seulement vous serez heureux & libres ; mais ne vous flattez jamais de l'être tant que vous tiendrez vos freres dans les fers.

Je sens la difficulté du projet d'affranchir vos peuples. Ce que je crains n'est pas seulement l'intérêt mal · entendu , l'amour-propre & les préjugés des maîtres. Cet obstacle vaincu, je craindrois les vices & la lâcheté des serfs. La liberté est un aliment de bon suc, mais de forte digestion ; il faut des estomacs bien sains pour le supporter. Je ris de ces peuples avilis , qui se laissant ameuter par des ligueurs , osent parler de liberté sans même en avoir l'idée, & , le cœur plein de tous les vices des esclaves, s'imaginent que pour être libres il suffit d'être des mutins. Fiere & sainte liberté ! si ces pauvres gens pouvoient te connoître, s'ils savoient à quel prix on t'acquiert & te conserve, s'ils sentoient combien tes loix sont plus austeres que n'est dur le joug des tyrans, leurs foibles ames, efclaves de paffions qu'il faudroit étouffer, te craindroient plus cent fois que la fervitude; ils te fuiroient avec effroi, comme un fardeau prêt à les écrafer.

Affranchir les peuples de Pologne eft une grande & belle opération, mais hardie, périlleufe, & qu'il ne faut pas tenter inconfidérément. Parmi les précautions à prendre, il en eft une indifpenfable & qui demande du tems. C'eft, avant toute chofe, de rendre dignes de la liberté & capables de la fupporter les ferfs qu'on veut affranchir. J'expoferai ci-après un des moyens qu'on peut employer pour cela. Il feroit téméraire à moi d'en garantir le fuccès, quoique je n'en doute pas. S'il eft quelque meilleur moyen, qu'on le prenne. Mais quel qu'il foit, fongez que vos ferfs font des hommes comme vous, qu'ils ont en eux l'étoffe pour devenir tout ce que vous êtes : travaillez d'abord à la mettre en œuvre, & n'affranchiffez leurs corps qu'après avoir affranchi leurs ames. Sans ce préliminaire comptez que votre opération réuffira mal.

CHAPITRE VII,

CHAPITRE VII.

Moyens de maintenir la constitution.

LA légiſlation de Pologne a été faite ſucceſſivement de pieces & de morceaux, comme toutes celles de l'Europe. A meſure qu'on voyoit un abus, on faiſoit une loi pour y remédier. De cette loi naiſſoient d'autres abus qu'il falloit corriger encore. Cette maniere d'opérer n'a point de fin, & mene au plus terrible de tous les abus, qui eſt d'énerver toutes les loix à force de les multiplier.

L'affoibliſſement de la légiſlation s'eſt fait en Pologne d'une maniere bien particuliere, & peut-être unique. C'eſt qu'elle a perdu ſa force ſans avoir été ſubjuguée par la puiſſance exécutive. En ce moment encore la puiſſance légiſlative conſerve toute ſon autorité ; elle eſt dans l'inaction, mais ſans rien voir au-deſſus d'elle. La Diete eſt auſſi ſouveraine qu'elle l'étoit lors de ſon établiſſement. Cependant elle eſt ſans force ; rien ne la domi-

E

ne, mais rien ne lui obéit. Cet état est remarquable & mérite réflexion.

Qu'est-ce qui a conservé jusqu'ici l'autorité législative ? C'est la présence continuelle du législateur. C'est la fréquence des Dietes, c'est le fréquent renouvellement des Nonces qui ont maintenu la République. L'Angleterre qui jouit du premier de ces avantages a perdu sa liberté pour avoir négligé l'autre. Le même Parlement dure si long-tems, que la Cour qui s'épuiseroit à l'acheter tous les ans, trouve son compte à l'acheter pour sept, & n'y manque pas. Premiere leçon pour vous.

Un second moyen par lequel la puissance législative s'est conservée en Pologne, est premiérement le partage de la puissance exécutive, qui a empêché ses dépositaires d'agir de concert pour l'opprimer, & en second lieu le passage fréquent de cette même puissance exécutive par différentes mains, ce qui a empêché tout système suivi d'usurpation. Chaque Roi faisoit dans le cours de son regne quelques pas vers la puissance arbitraire. Mais l'élection de son successeur forçoit celui-ci de rétrograder au lieu de poursuivre, & les Rois au commencement de chaque regne étoient contraints par les *Pacta conventa* de partir tous du même point. De sorte que, malgré la pente habituelle vers le despotisme, il n'y avoit aucun progrès réel.

Il en étoit de même des Ministres & grands Officiers. Tous indépendans, & du Sénat & les uns des autres, avoient dans leurs départemens respectifs une autorité sans bornes : mais outre que ces places se balançoient mutuellement, en ne se perpétuant pas dans les mêmes familles, elles n'y portoient aucune force absolue, & tout le pouvoir, même usurpé, retournoit toujours à sa source. Il n'en eût pas été de même si toute la puissance exécutive eût été, soit dans un seul corps comme le Sénat, soit dans une famille par l'hérédité de la couronne. Cette famille ou ce corps auroient probablement opprimé tôt ou tard la puissance législative, & par là mis les Polonois sous le joug que portent toutes les nations, & dont eux seuls sont encore exempts ; car je ne compte déja plus la Suede. Deuxieme leçon.

Voilà l'avantage. Il est grand sans doute ; mais voici l'inconvénient qui n'est guere moindre. La puissance exécutive, partagée

entre plusieurs individus , manque d'har-
monie entre ses parties , & cause un tiraille-
ment continuel incompatible avec le bon
ordre. Chaque dépositaire d'une partie de
cette puissance se met en vertu de cette partie,
à tous égards , au-dessus des magistrats &
des loix. Il reconnoît, à la vérité , l'autorité
de la Diete ; mais ne reconnoissant que celle-
là , quand la Diete est dissoute il n'en reconnoît plus du tout ; il méprise les tribunaux
& brave leurs jugemens. Ce sont autant de
petits despotes qui , sans usurper précisément
l'autorité souveraine , ne laissent pas d'opprimer en détail les citoyens , & donnent
l'exemple funeste & trop suivi de violer sans
scrupule & sans crainte les droits & la liberté des particuliers.

Je crois que voilà la premiere & principale cause de l'anarchie qui regne dans l'Etat.
Pour ôter cette cause , je ne vois qu'un
moyen : ce n'est pas d'armer les tribunaux
particuliers de la force publique contre ces
petits tyrans ; car cette force , tantôt mal
administrée & tantôt surmontée par une force
supérieure , pourroit exciter des troubles &
des désordres capables d'aller par degrés jus-

qu'aux guerres civiles : mais c'est d'armer de toute la force exécutive un corps respectable & permanent tel que le Sénat , capable par sa consistance & par son autorité de contenir dans leur devoir les Magnats tentés de s'en écarter. Ce moyen me paroît efficace, & le seroit certainement; mais le danger en seroit terrible & très-difficile à éviter. Car comme on peut voir dans le Contrat Social , tout corps dépositaire de la puissance exécutive , tend fortement & continuellement à subjuguer la puissance législative , & y parvient tôt ou tard.

Pour parer cet inconvénient, on vous propose de partager le Sénat en plusieurs conseils ou départemens présidés chacun par le Ministre chargé de ce département , lequel Ministre , ainsi que les membres de chaque Conseil , changeroit au bout d'un tems fixé & rouleroit avec ceux des autres départemens. Cette idée peut être bonne , c'étoit celle de l'Abbé de Saint-Pierre , & il l'a bien développée dans sa *Polysynodie*. La puissance exécutive ainsi divisée & passagere sera plus subordonnée à la législative, & les diverses parties de l'administration seront plus approfondies & mieux traitées féparément. Ne comptez pourtant pas trop fur ce moyen : fi elles font toujours féparées elles manqueront de concert, & bientôt, fe contrecarrant mutuellement, elles uferont prefque toutes leurs forces les unes contre les autres, jufqu'à ce qu'une d'entr'elles ait pris l'afcendant & les domine toutes : ou bien fi elles s'accordent & fe concertent elles ne feront réellement qu'un même corps & n'auront qu'un même efprit, comme les chambres d'un Parlement; & de toutes manieres je tiens pour impoffible, que l'indépendance & l'équilibre fe maintiennent fi bien entr'elles, qu'il n'en réfulte pas toujours un centre ou foyer d'adminiftration, où toutes les forces particulieres fe réuniront toujours pour opprimer le Souverain. Dans prefque toutes nos Républiques, les confeils font ainfi diftribués en départemens qui dans leur origine étoient indépendans les uns des autres, & qui bientôt ont ceffé de l'être.

L'invention de cette divifion par chambres ou départemens eft moderne. Les anciens qui favoient mieux que nous comment fe maintient la liberté, ne connurent point eet expédient. Le Sénat de Rome gouvernoit la moitié du monde connu , & n'avoit pas même l'idée de ces partages. Ce Sénat, cependant, ne parvint jamais à opprimer la puissance législative , quoique les Sénateurs fussent à vie. Mais les loix avoient des Censeurs , le peuple avoit des Tribuns , & le Sénat n'élisoit pas les Consuls.

Pour que l'administration soit forte , bonne , & marche bien à son but, toute la puissance exécutive doit être dans les mêmes mains : mais il ne suffit pas que ces mains changent ; il faut qu'elles n'agissent, s'il est possible , que sous les yeux du législateur , & que ce soit lui qui les guide. Voilà le vrai secret pour qu'elles n'usurpent pas son autorité.

Tant que les Etats s'assembleront & que les Nonces changeront fréquemment , il sera difficile que le Sénat ou le Roi oppriment ou usurpent l'autorité législative. Il est remarquable que jusqu'ici les Rois n'aient pas tenté de rendre les Dietes plus rares, quoiqu'ils ne fussent pas forcés comme ceux d'Angleterre , à les assembler fréquemment sous peine de manquer d'argent. Il faut, ou que les chofes fe foient toujours trouvées dans un état de crife qui ait rendu l'autorité royale infuffifante pour y pourvoir, ou que les Rois fe foient affurés par leurs brigues dans les Diétines d'avoir toujours la pluralité des Nonces à leur difpofition, ou qu'à la faveur du *liberum veto*, ils aient été fûrs d'arrêter toujours les délibérations qui pouvoient leur déplaire, & de diffoudre les Dietes à leur volonté. Quand tous ces motifs ne fubfifteront plus, on doit s'attendre que le Roi ou le Sénat, ou tous les deux enfemble, feront de grands efforts pour fe délivrer des Dietes, & les rendre auffi rares qu'il fe pourra. Voilà ce qu'il faut fur-tout prévenir & empêcher. Le moyen propofé eft le feul, il eft fimple & ne peut manquer d'être efficace : il eft bien fingulier qu'avant le Contrat Social, où je le donne, perfonne ne s'en fût avifé !

Un des plus grands inconvéniens des grands Etats, celui de tous qui y rend la liberté la plus difficile à conferver, eft que la puiffance légiflative ne peut s'y montrer elle-même, & ne peut agir que par députation. Cela a fon mal & fon bien, mais le mal l'emporte. Le légiflateur en corps eft impof-

fible à corrompre, mais facile à tromper.
Ses repréfentans font difficilement trompés,
mais aifément corrompus; & il arrive rarement qu'ils ne le foient pas. Vous avez fous
les yeux l'exemple du Parlement d'Angleterre, & par le *liberum veto*, celui de votre
propre Nation. Or, on peut éclairer celui
qui s'abufe; mais comment retenir celui
qui fe vend? Sans être inftruit des affaires de
Pologne, je parierois tout au monde qu'il
y a plus de lumieres dans la Diete & plus de
vertu dans les Diétines.

Je vois deux moyens de prévenir ce mal
terrible de la corruption, qui de l'organe de
la liberté fait l'inftrument de la fervitude.

Le premier eft, comme j'ai déja dit, la
fréquence des Dietes, qui, changeant fouvent les repréfentans, rend leur féduction
plus coûteufe & plus difficile. Sur ce point
votre conftitution vaut mieux que celle de
la Grande-Bretagne, & quand on aura ôté
ou modifié le *liberum veto*, je n'y vois aucun autre changement à faire, fi ce n'eft
d'ajouter quelques difficultés à l'envoi des
mêmes Nonces à deux Dietes confécutives,

& d'empêcher qu'ils ne foient élus un grand nombre de fois. Je reviendrai ci-après fur cet article.

Le fecond moyen eft d'affujettir les repréfentans à fuivre exactement leurs inftructions, & à rendre un compte févere à leurs conftituans de leur conduite à la Diete. Là-deffus je ne puis qu'admirer la négligence, l'incurie, & j'ofe dire, la ftupidité de la nation Angloife, qui après avoir armé fes députés de la fuprème puiffance, n'y ajoute aucun frein pour régler l'ufage qu'ils en pourront faire pendant fept ans entiers que dure leur commiffion.

Je vois que les Polonois ne fentent pas affez l'importance de leurs Diétines, ni tout ce qu'ils leur doivent, ni tout ce qu'ils peuvent en obtenir en étendant leur autorité & leur donnant une forme plus réguliere. Pour moi je fuis convaincu que fi les confédérations ont fauvé la patrie, ce font les Diétines qui l'ont confervée, & que c'eft-là qu'eft le vrai Palladium de la liberté.

Les inftructions des Nonces doivent être dreffées avec grand foin, tant fur les articles

annoncés dans les univerfaux que fur les autres befoins préfens de l'Etat ou de la province , & cela par une commiffion , préfidée
fi l'on veut , par le Maréchal de la Diétine ,
mais compofée au refte de membres choifis
à la pluralité des voix , & la nobleffe ne
doit point fe féparer que ces inftructions
n'aient été lues , difcutées & confenties en
pleine affemblée. Outre l'original de ces inftructions remis aux Nonces avec leurs pouvoirs , il en doit refter un double figné
d'eux dans les regiftres de la Diétine. C'eft
fur ces inftructions qu'ils doivent à leur retour rendre compte de leur conduite aux
Diétines de relation qu'il faut abfolument rétablir , & c'eft fur ce compte rendu qu'ils
doivent être ou exclus de toute autre nonciature fubféquente , ou déclarés derechef
admiffibles , quand ils auront fuivi leurs
inftructions à la fatisfaction de leurs conftituans. Cet examen eft de la derniere importance. On n'y fauroit donner trop d'attention ni en marquer l'effet avec trop de
foin. Il faut qu'à chaque mot que le Nonce
dit à la Diete , à chaque démarche qu'il fait,
il fe voie d'avance fous les yeux de fes conf-

tituans , & qu'il fente l'influence qu'aura leur
jugement , tant fur fes projets d'avancement
que fur l'eftime de fes compatriotes indifpenfable pour leur exécution : car enfin , ce
n'eft pas pour y dire leur fentiment particulier , mais pour y déclarer les volontés
de la Nation qu'elle envoie des Nonces à
la Diete. Ce frein eft abfolument néceffaire
pour les contenir dans leur devoir & prévenir
toute corruption , de quelque part qu'elle
vienne. Quoiqu'on en puiffe dire , je ne vois
aucun inconvénient à cette gêne , puifque la
chambre des Nonces n'ayant ou ne devant
avoir aucune part au détail de l'adminiftration , ne peut jamais avoir à traiter aucune matiere imprévue : d'ailleurs pourvu
qu'un Nonce ne faffe rien de contraire à
l'expreffe volonté de fes conftituans , ils ne
lui feroient pas un crime d'avoir opiné en
bon citoyen fur une matiere qu'ils n'auroient
pas prévue , & fur laquelle ils n'auroient rien
déterminé. J'ajoute enfin que quand il y auroit en effet quelque inconvénient à tenir
ainfi les Nonces affervis à leurs inftructions ,
il n'y auroit point encore à balancer vis-à-vis
l'avantage immenfe que la loi ne foit jamais

que

que l'expreſſion réelle des volontés de la Nation.

Mais auſſi, ces précautions priſes, il ne doit jamais y avoir conflit de juriſdiction entre la Diete & les Diétines, & quand une loi a été portée en pleine Diete, je n'accorde pas même à celles-ci droit de proteſtation. Qu'elles puniſſent leurs Nonces, que s'il le faut elles leur faſſent même couper la tête quand ils ont prévariqué ; mais qu'elles obéiſſent pleinement, toujours, ſans exception, ſans proteſtation, qu'elles portent comme il eſt juſte la peine de leur mauvais choix, ſauf à faire à la prochaine Diete, ſi elles le jugent à propos, des repréſentations auſſi vives qu'il leur plaira.

Les Dietes étant fréquentes ont moins beſoin d'être longues, & ſix ſemaines de durée me paroiſſent bien ſuffiſantes pour les beſoins ordinaires de l'Etat. Mais il eſt contradictoire que l'autorité ſouveraine ſe donne des entraves à elle-même, ſur-tout quand elle eſt immédiatement entre les mains de la nation. Que cette durée des Dietes ordinaires continue d'être fixée à ſix ſemaines, à la bonne heure. Mais il dépendra toujours de l'affemblée de prolonger ce terme par une délibération expreffe , lorfque les affaires le demanderont. Car enfin, fi la Diete qui par fa nature eft au-deffus de la loi , dit ; *Je veux refter* , qui eft-ce qui lui dira ; *Je ne veux pas que tu reftes*. Il n'y a que le feul cas qu'une Diete voulût durer plus de deux ans qu'elle ne le pourroit pas ; fes pouvoirs alors finiroient , & ceux d'une autre Diete commenceroient avec la troifieme année. La Diete qui peut tout , peut fans contredit prefcrire un plus long intervalle entre les Dietes : mais cette nouvelle loi ne pourroit regarder que les Dietes fubféquentes, & celle qui la porte n'en peut profiter. Les principes dont ces regles fe déduifent font établis dans le Contrat Social.

A l'égard des Dietes extraordinaires, le bon ordre exige en effet qu'elles foient rares, & convoquées uniquement pour d'urgentes néceffités. Quand le Roi les juge telles, il doit, je l'avoue, en être cru ; mais ces néceffités pourroient exifter & qu'il n'en convînt pas ; faut-il alors que le Sénat en juge ? Dans un Etat libre on doit prévoir tout ce qui peut attaquer la liberté. Si les confédérations reſtent , elles peuvent en certains cas ſuppléer les Dietes extraordinaires : mais ſi vous aboliſſez les confédérations , il faut un réglement pour ces Dietes néceſſairement.

Il me paroît impoſſible que la loi puiſſe fixer raiſonnablement la durée des Dietes extraordinaires , puiſqu'elle dépend abſolument de la nature des affaires qui la font convoquer. Pour l'ordinaire la célérité y eſt néceſſaire ; mais cette célérité étant relative aux matieres à traiter qui ne ſont pas dans l'ordre des affaires courantes , on ne peut rien ſtatuer là-deſſus d'avance , & l'on pourroit ſe trouver en tel état qu'il importeroit que la Diete reſtât aſſemblée juſqu'à ce que cet état eût changé , ou que le tems des Dietes ordinaires fît tomber les pouvoirs de celle - là.

Pour ménager le tems ſi précieux dans les Dietes , il faudroit tâcher d'ôter de ces aſſemblées les vaines diſcuſſions qui ne ſervent qu'à le faire perdre. Sans doute il y faut nonſeulement de la regle & de l'ordre , mais du cérémonial & de la majeſté. Je voudrois même qu'on donnât un ſoin particulier à cet article , & qu'on ſentît , par exemple , la barbarie & l'horrible indécence de voir l'appareil des armes profaner le sanctuaire des loix. Polonois, êtes-vous plus guerriers que n'étoient les Romains, & jamais dans les plus grands troubles de leur République l'aspect d'un glaive ne souilla les Comices ni le Sénat. Mais je voudrois aussi qu'en s'attachant aux choses importantes & nécessaires, on évitât tout ce qui peut se faire ailleurs également bien. Le *Rugi*, par exemple, c'est-à-dire, l'examen de la légitimité des Nonces est un tems perdu dans la Diete : non que cet examen ne soit en lui-même une chose importante, mais parce qu'il peut se faire aussi bien & mieux dans le lieu même où ils ont été élus, où ils sont le plus connus & où ils ont tous leurs concurrens. C'est dans leur Palatinat même, c'est dans la Diétine qui les députe que la validité de leur élection peut être mieux constatée & en moins de tems, comme cela se pratique pour les commissaires de Radom & les députés au tribunal. Cela fait, la Diete doit les admettre sans discussion sur le *Laudum* dont ils sont porteurs, & cela non - seulement pour prévenir les obstacles qui peuvent retarder l'élection du Maréchal, mais fur-tout les intrigues par lefquelles le Sénat ou le Roi pourroient gêner les élections & chicaner les fujets qui leur feroient défagréables. Ce qui vient de fe paffer à Londres eft une leçon pour les Polonois. Je fais bien que ce Wilkes n'eft qu'un brouillon, mais par l'exemple de fa réjection la planche eft faite, & déformais on n'admettra plus dans la chambre des Communes que des fujets qui conviennent à la Cour.

Il faudroit commencer par donner plus d'attention au choix des membres qui ont voix dans les Diétines. On difcerneroit par-là plus aifément ceux qui font éligibles pour la nonciature. Le livre d'or de Venife eft un modele à fuivre à caufe des facilités qu'il donne. Il feroit commode & très-aifé de tenir dans chaque Grod un regiftre exact de tous les nobles qui auroient, aux conditions requifes, entrée & voix aux Diétines. On les infcriroit dans le regiftre de leur diftrict, à mefure qu'ils atteindroient l'âge requis par les loix, & l'on rayeroit ceux qui devroient en être exclus dès qu'ils tomberoient dans ce cas, en marquant la raifon de leur exclufion,

Par ces regiſtres, auxquels il faudroit donner
une forme bien authentique, on diſtingueroit
aiſément, tant les membres légitimes des
Diétines que les ſujets éligibles pour la Nonciature ; & la longueur des diſcuſſions ſeroit
fort abrégée ſur cet article.

Une meilleure police dans les Dietes &
Diétines ſeroit aſſurément une choſe fort
utile ; mais, je ne le redirai jamais trop, il
ne faut pas vouloir à la fois deux choſes
contradictoires. La police eſt bonne, mais
la liberté vaut mieux, & plus vous gênerez
la liberté par des formes, plus ces formes
fourniront de moyens à l'uſurpation. Tous
ceux dont vous uſerez pour empêcher la
licence dans l'ordre légiſlatif, quoique bons
en eux-mêmes, ſeront tôt ou tard employés
pour l'opprimer. C'eſt un grand mal que les
longues & vaines harangues qui font perdre
un tems ſi précieux, mais c'en eſt un bien
plus grand qu'un bon citoyen n'oſe parler,
quand il a des choſes utiles à dire. Dès qu'il
n'y aura dans les Dietes que certaines bouches
qui s'ouvrent, & qu'il leur ſera défendu de
tout dire, elles ne diront bientôt plus que
ce qui peut plaire aux Puiſſans.

Après les changemens indifpenfables dans la nomination des emplois & dans la diftri-bution des graces, il y aura vraifemblable-ment & moins de vaines harangues & moins de flagorneries adreffées au Roi fous cette forme. On pourroit cependant, pour élaguer un peu les tortillages & les amphigouris, obliger tout harangueur à énoncer au com-mencement de fon difcours la propofition qu'il veut faire, &, après avoir déduit fes raifons, de donner fes conclufions fommai-res, comme font les Gens du Roi dans les Tribunaux. Si cela n'abrégeoit pas les dif-cours, cela contiendroit du moins ceux qui ne veulent parler que pour rien dire, & faire confumer le tems à ne rien faire.

Je ne fais pas bien quelle eft la forme éta-blie dans les Dietes pour donner la fanction aux loix; mais je fais que pour des raifons dites ci-devant, cette forme ne doit pas être la même que dans le Parlement de la Grande-Bretagne, que le Sénat de Pologne doit avoir l'autorité d'adminiftration, non de légiflation, que dans toute caufe légiflative les Sénateurs doivent voter feulement comme membres de la Diete, non comme membres du Sénat, & que les voix doivent être comptées par tête également dans les deux chambres. Peut-être l'usage du *liberum veto* a-t-il empêché de faire cette distinction, mais elle sera très-nécessaire quand le *liberum veto* sera ôté, & cela d'autant plus que ce sera un avantage immense de moins dans la chambre des Nonces ; car je ne suppose pas que les Sénateurs, bien moins les Ministres, aient jamais eu part à ce droit. Le *veto* des Nonces Polonois représente celui des Tribuns du peuple à Rome ; or ils n'exerçoient pas ce droit comme citoyens, mais comme représentans du Peuple Romain. La perte du *liberum veto* n'est donc que pour la chambre des Nonces, & le Corps du Sénat n'y perdant rien, y gagne par conséquent.

Ceci posé, je vois un défaut à corriger dans la Diete. C'est que le nombre des Sénateurs égalant presque celui des Nonces, le Sénat a une trop grande influence dans les délibérations, & peut aisément par son crédit dans l'Ordre Equestre, gagner le petit nombre de voix dont il a besoin pour être toujours prépondérant.

Je dis que c'est un défaut ; parce que le

Sénat étant un Corps particulier dans l'Etat, a néceffairement des intérêts de Corps différens de ceux de la nation, & qui même à certains égards y peuvent être contraires. Or la loi, qui n'eft que l'expreffion de la volonté générale, eft bien le réfultat de tous les intérêts particuliers combinés, & balancés par leur multitude ; mais les intérêts de Corps faifant un poids trop confidérable, romproient l'équilibre, & ne doivent pas y entrer collectivement. Chaque individu doit avoir fa voix, nul Corps, quel qu'il foit, n'en doit avoir une. Or, fi le Sénat avoit trop de poids dans la Diete, non-feulement il y porteroit fon intérêt, mais il le rendroit prépondérant.

Un remede naturel à ce défaut fe préfente de lui-même, c'eft d'augmenter le nombre des Nonces ; mais je craindrois que cela ne fît trop de mouvement dans l'Etat, & n'approchât trop du tumulte démocratique. S'il falloit abfolument changer la proportion, au lieu d'augmenter le nombre des Nonces, j'aimerois mieux diminuer le nombre des Sénateurs. Et dans le fond, je ne vois pas trop pourquoi, y ayant déja un Palatin à la tête de chaque province, il y faut encore de grands Caftellans. Mais ne perdons jamais de vue l'importante maxime de ne rien changer fans néceffité , ni pour retrancher ni pour ajouter.

Il vaut mieux, à mon avis, avoir un confeil moins nombreux & laiffer plus de liberté à ceux qui le compofent, que d'en augmenter le nombre & de gêner la liberté dans les délibérations , comme on eft toujours forcé de faire quand ce nombre devient trop grand : à quoi j'ajouterai, s'il eft permis de prévoir le bien ainfi que le mal, qu'il faut éviter de rendre la Diete auffi nombreufe qu'elle peut l'être, pour ne pas s'ôter le moyen d'y admettre un jour fans confufion de nouveaux Députés , fi jamais on en vient à l'annobliffement des villes & à l'affranchiffement des ferfs , comme il eft à defirer pour la force & le bonheur de la nation.

Cherchons donc un moyen de remédier à ce défaut d'une autre maniere & avec le moins de changemens qu'il fe pourra.

Tous les Sénateurs font nommés par le Roi , & conféquemment font fes créatures. De plus ils font à vie , & à ce titre ils forment un Corps indépendant & du Roi & de l'ordre Equeftre qui, comme je l'ai dit, a fon intérêt à part & doit tendre à l'ufurpation. Et l'on ne doit pas ici m'accufer de contradiction, parce que j'admets le Sénat comme un Corps diftinct dans la République: quoique je ne l'admette pas comme un ordre compofant de la République ; car cela eft fort différent.

Premiérement, il faut ôter au Roi la nomination du Sénat, non pas tant à caufe du pouvoir qu'il conferve par-là fur les Sénateurs & qui peut n'être pas grand, que par celui qu'il a fur tous ceux qui afpirent à l'être, & par eux fur le Corps entier de la nation. Outre l'effet de ce changement dans la conftitution, il en réfultera l'avantage ineftimable d'amortir parmi la Nobleffe l'efprit courtifan & d'y fubftituer l'efprit patriotique. Je ne vois aucun inconvénient que les Sénateurs foient nommés par la Diete, & j'y vois de grands biens trop clairs pour avoir befoin d'être détaillés. Cette nomination peut fe faire tout-d'un-coup dans la Diete, ou premiérement dans les Diétines, par la préfentation d'un certain nombre de fujets pour chaque place vacante dans leurs Pala-

tinats refpectifs. Entre ces élus la Diete feroit
fon choix, ou bien elle en éliroit un moindre
nombre parmi lefquels on pourroit laiffer
encore au Roi le droit de choifir : mais pour
aller tout-d'un-coup au plus fimple, pourquoi chaque Palatin ne feroit-il pas élu dé-
finitivement dans la Diétine de fa province ?
Quel inconvénient a-t-on vu naître de cette
élection pour les Palatins de Polock , de
Witebsk , & pour le Starofte de Samogitie ,
& quel mal y auroit-il que le privilége de ces
trois provinces devînt un droit commun pour
toutes ? Ne perdons pas de vue l'importance
dont il eft pour la Pologne de tourner fa
conftitution vers la forme fédérative , pour
écarter , autant qu'il eft poffible , les maux
attachés à la grandeur , ou plutôt à l'étendue
de l'Etat.

℟. En fecond lieu , fi vous faites que les Sénateurs ne foient plus à vie , vous affoiblirez
confidérablement l'intérêt de Corps qui tend
à l'ufurpation ; mais cette opération a fes
difficultés : premiérement , parce qu'il eft
dur à des hommes accoutumés à manier les
affaires publiques , de fe voir réduits tout-
d'un-coup à l'état privé fans avoir démérité :

fecondement ,

fecondement, parce que les places de Sénateurs font unies à des titres de Palatins & de Caftellans & à l'autorité locale qui y eft attachée, & qu'il réfulteroit du défordre & des mécontentemens du paffage perpétuel de ces titres & de cette autorité d'un individu à un autre. Enfin cette amovibilité ne peut pas s'étendre aux Evêques, & ne doit peut-être pas s'étendre aux Miniftres, dont les places exigeant des talens particuliers ne font pas toujours faciles a bien remplir. Si les Evêques feuls étoient à vie, l'autorité du Clergé, déja trop grande, augmenteroit confidérablement, & il eft important que cette autorité foit balancée par des Sénateurs qui foient à vie ainfi que les Evêques, & qui ne craignent pas plus qu'eux d'être déplacés.

Voici ce que j'imaginerois pour remédier à ces divers inconvéniens. Je voudrois que les places de Sénateurs du premier rang continuaffent d'être à vie. Cela feroit, en y comprenant outre les Evêques & les Palatins, tous les Caftellans du premier rang, quatre-vingts Sénateurs inamovibles.

Quant aux Caftellans du fecond rang, je les voudrois tous à tems, foit pour deux

ans , en faifant à chaque Diete une nouvelle élection , foit pour plus long-tems s'il
étoit jugé à propos ; mais toujours fortant de
place à chaque terme , fauf à élire de nouveau
ceux que la Diete voudroit continuer , ce
que je permettrois un certain nombre de fois
feulement , felon le projet qu'on trouvera
ci-après.

L'obftacle des titres feroit foible , parce
que ces titres ne donnant prefque d'autre
fonction que de fiéger au Sénat , pourroient
être fupprimés fans inconvénient, & qu'au
lieu du titre de Caftellans à bancs , ils pourroient porter fimplement celui de Sénateurs
députés. Comme par la réforme , le Sénat
revêtu de la puiffance exécutive feroit perpétuellement affemblé dans un certain nombre de fes membres , un nombre propor-
tionné de Sénateurs députés feroient de
même tenus d'y affifter toujours à tour de
rôle , mais il ne s'agit pas ici de ces fortes
de détails.

Par ce changement à peine fenfible , ces
Caftellans ou Sénateurs députés deviendroient
réellement autant de repréfentans de la Diete
qui feroient contre-poids au Corps du Sénat ,

& renforceroient l'ordre Equeſtre dans les aſſemblées de la nation ; en ſorte que les Sénateurs à vie , quoique devenus plus puiſ-ſans, tant par l'abolition du *vero* que par la diminution de la puiſſance royale & de celle des Miniſtres fondue en partie dans leur Corps, n'y pourroient pourtant faire dominer l'eſprit de ce Corps, & le Sénat, ainſi mi-parti de membres à tems & de mem-bres à vie , feroit auſſi bien conſtitué qu'il eſt poſſible pour faire un pouvoir intermédiaire entre la chambre des Nonces & le Roi, ayant à la fois aſſez de conſiſtance pour régler l'adminiſtration & aſſez de dépen-dance pour être ſoumis aux loix. Cette opé-ration me paroît bonne , parce qu'elle eſt ſimple, & cependant d'un grand effet.

On propoſe pour modérer les abus du *vero,* de ne plus compter les voix par tête de Nonce , mais de les compter par Palatinats. On ne ſauroit trop réfléchir ſur ce change-ment avant que de l'adopter , quoi qu'il ait ſes avantages & qu'il ſoit favorable à la forme fédérative. Les voix priſes par maſſes & col-lectivement , vont toujours moins directe-ment à l'intérêt commun que priſes ſégrégativement par individu. Il arrivera très-souvent que parmi les Nonces d'un Palatinat, un d'entr'eux dans leurs délibérations particulieres prendra l'afcendant fur les autres & déterminera pour fon avis la pluralité, qu'il n'auroit pas fi chaque voix demeuroit indépendante. Ainfi les corrupteurs auront moins à faire & fauront mieux à qui s'adreffer. De plus, il vaut mieux que chaque Nonce ait à répondre pour lui feul à fa Diétine, afin que nul ne s'excufe fur les autres, que l'innocent & le coupable ne foient pas confondus & que la juftice diftributive foit mieux obfervée. Il fe préfente bien des raifons contre cette forme qui relâcheroit beaucoup le lien commun & pourroit à chaque Diete expofer l'Etat à fe divifer. En rendant les Nonces plus dépendans de leurs inftructions & de leurs conftituans, on gagne à-peu-près le même avantage fans aucun inconvénient. Ceci fuppofe, il eft vrai, que les fuffrages ne fe donnent point par fcrutin mais à haute voix, afin que la conduite & l'opinion de chaque Nonce à la Diete foient connues, & qu'il en réponde en fon propre & privé nom. Mais cette matiere des fuffrages étant

une de celles que j'ai difcutées avec le plus
de foin dans le Contrat Social, il eft fuperflu
de me répéter ici.

Quant aux élections, on trouvera peut-
être d'abord quelque embarras à nommer à
la fois dans chaque Diete tant de Sénateurs
députés, & en général aux élections d'un
grand nombre fur un plus grand nombre qui
reviendront quelquefois dans le projet que
j'ai à propofer ; mais en recourant pour cet
article au fcrutin, l'on ôteroit aifément cet
embarras au moyen de cartons imprimés &
numérotés qu'on diftribueroit aux Electeurs
la veille de l'élection, & qui contiendroient
les noms de tous les Candidats entre lefquels
cette élection doit être faite. Le lendemain
les Electeurs viendroient à la file rapporter
dans une corbeille tous leurs cartons, après
avoir marqué chacun dans le fien ceux qu'il
élit, ou ceux qu'il exclut felon l'avis qui
feroit en tête des cartons. Le déchiffrement
de ces mêmes cartons fe feroit tout de fuite
en préfence de l'affemblée par le fecrétaire
de la Diete affifté de deux autres fecrétaires *ad
actum* nommés fur le champ par le Maréchal
dans le nombre des Nonces préfens. Par cette

méthode, l'opération deviendroit si courte & si simple, que sans dispute & sans bruit tout le Sénat se rempliroit aisément dans une séance. Il est vrai qu'il faudroit encore une regle pour déterminer la liste des Candidats; mais cet article aura sa place & ne sera pas oublié.

Reste à parler du Roi qui préside à la Diete, & qui doit être par sa place le suprême administrateur des Loix.

CHAPITRE VIII.

Du Roi.

C'EST un grand mal que le chef d'une nation soit l'ennemi né de la liberté dont il devroit être le défenseur. Ce mal, à mon avis, n'est pas tellement inhérent à cette place qu'on ne pût l'en détacher, ou du moins l'amoindrir considérablement. Il n'y a point de tentation sans espoir. Rendez l'usurpation impossible à vos Rois, vous leur en ôterez la fantaisie, & ils mettront à vous bien gouverner & à vous défendre tous les efforts qu'ils font maintenant pour vous asservir. Les instituteurs de la Pologne, comme l'a remarqué M. le Comte Wielhorcki, ont bien songé à ôter aux Rois les moyens de nuire, mais non pas celui de corrompre, & les graces dont ils sont les distributeurs leur donnent abondamment ce moyen. La difficulté est qu'en leur ôtant cette distribution l'on paroît leur tout ôter : c'est pourtant ce qu'il ne faut pas faire ; car autant vaudroit n'avoir point de Roi , & je crois impossible à un aussi grand Etat que la Pologne de s'en passer ; c'est à-dire , d'un chef suprême qui soit à vie. Or , à moins que le chef d'une option ne soit tout-à-fait nul , & par conséquent inutile , il faut bien qu'il puisse faire quelque chose , & si peu qu'il fasse , il faut nécessairement que ce soit du bien ou du mal.

Maintenant tout le Sénat est à la nomination du Roi : c'est trop. S'il n'a aucune part à cette nomination , ce n'est pas assez. Quoique la Pairie en Angleterre soit aussi à la nomination du Roi , elle en est bien moins dépendante , parce que cette Pairie une fois donnée est héréditaire , au lieu que les Evêchés , Palatinats & Castellanies n'étant qu'à vie , retournent à la mort de chaque titulaire à la nomination du Roi.

J'ai dit comment il me paroît que cette nomination devroit se faire , savoir les Palatins & grands Castellans à vie & par leurs Diétines respectives. Les Castellans du second rang à tems & par la Diete. A l'égard des Evêques il me paroît difficile , à moins qu'on ne les fasse élire par leurs chapitres , d'en ôter la nomination au Roi, & je crois qu'on peut la lui laisser, excepté toutefois celle de l'Archevêque de Gnesne qui appartient naturellement à la Diete ; à moins qu'on n'en sépare la Primatie, dont elle seule doit disposer. Quant aux Ministres, sur-tout les grands généraux & grands trésoriers, quoique leur puissance qui fait contre-poids à celle du Roi doive être diminuée en proportion de la sienne, il ne me paroît pas prudent de laisser au Roi le droit de remplir ces places par ses créatures, & je voudrois au moins qu'il n'eût que le choix sur un petit nombre de sujets présentés par la Diete. Je conviens que ne pouvant plus ôter ces places après les avoir données, il ne peut plus compter absolument sur ceux qui les remplissent : mais c'est assez du pouvoir qu'elles lui donnent sur les aspirans, sinon pour le mettre en état de changer la face du Gouvernement, du moins pour lui en laisser l'espérance, & c'est sur-tout cette espérance qu'il importe de lui ôter à tout prix.

Pour le grand Chancelier, il doit ce me semble être de nomination royale. Les Rois sont les juges-nés de leurs peuples ; c'est pour cette fonction, quoi qu'ils l'aient tous abandonnée, qu'ils ont été établis ; elle ne peut leur être ôtée ; & quand ils ne veulent pas la remplir eux-mêmes, la nomination de leurs substituts en cette partie est de leur droit, parce que c'est toujours à eux de répondre des jugemens qui se rendent en leur nom. La nation peut, il est vrai, leur donner des assesseurs, & le doit lorsqu'ils ne jugent pas eux mêmes : ainsi le tribunal de la Couronne, où préside, non le Roi, mais le grand Chancelier, est sous l'inspection de la nation, & c'est avec raison que les Diétines en nomment les autres membres. Si le Roi jugeoit en personne, j'estime qu'il auroit le droit de juger seul. En tout état de cause son intérêt feroit toujours d'être juste, & jamais des jugemens iniques ne furent une bonne voie pour parvenir à l'usurpation.

A l'égard des autres dignités, tant de la Couronne que des Palatinats, qui ne font que des titres honorifiques & donnent plus d'éclat que de crédit, on ne peut mieux faire que de lui en laisser la pleine disposition ;

qu'il puisse honorer le mérite & flatter la
vanité , mais qu'il ne puisse conférer la puissance.

La majesté du Trône doit être entretenue
avec splendeur : mais il importe que de
toute la dépense nécessaire à cet effet on en
laisse faire au Roi le moins qu'il est possible.
Il seroit à désirer que tous les officiers du
Roi fussent aux gages de la République &
non pas aux siens , & qu'on réduisît en même
rapport tous les revenus royaux , afin de diminuer autant qu'il se peut le maniement
des deniers par les mains du Roi.

On a proposé de rendre la Couronne héréditaire. Assurez - vous qu'au moment que
cette loi sera portée , la Pologne peut dire
adieu pour jamais à sa liberté. On pense y
pourvoir suffisamment en bornant la puissance royale. On ne voit pas que ces bornes
posées par les loix seront franchies à trait de
tems par des usurpations graduelles , & qu'un
systême adopté & suivi sans interruption par
une famille royale doit l'emporter à la longue sur une législation qui par sa nature tend
sans cesse au relâchement. Si le Roi ne peut
corrompre les Grands par des graces , il peut

toujours les corrompre par des promesses dont ses successeurs sont garans ; & comme les plans formés par la famille royale se perpétuent avec elle, on prendra bien plus de confiance en ses engagemens & l'on comptera bien plus sur leur accomplissement, que quand la Couronne élective montre la fin des projets du Monarque avec celle de sa vie. La Pologne est libre, parce que chaque regne est précédé d'un intervalle où la nation rentrée dans tous ses droits & reprenant une vigueur nouvelle, coupe le progrès des abus & des usurpations, où la législation se remonte & reprend son premier ressort. Que deviendront les *Pacta conventa* l'égide de la Pologne, quand une famille établie sur le trône à perpétuité le remplira sans intervalle, & ne laissera à la nation, entre la mort du pere & le couronnement du fils qu'une vaine ombre de liberté sans effet, qu'anéantira bientôt la simagrée du serment fait par tous les Rois à leur sacre & par tous oublié pour jamais l'instant d'après? Vous avez vu le Danemarck, vous voyez l'Angleterre, & vous allez voir la Suede : profitez de ces exemples pour apprendre une fois pour toutes

que ,

que, quelques précautions qu'on puisse entasser, hérédité dans le trône & liberté dans la nation, seront à jamais des choses incompatibles.

Les Polonois ont toujours eu du penchant à transmettre la Couronne du pere au fils, ou aux plus proches par voie d'héritage, quoique toujours par droit d'élection. Cette inclination, s'ils continuent à la suivre, les menera tôt ou tard au malheur de rendre la Couronne héréditaire, & il ne faut pas qu'ils esperent lutter aussi long-tems de cette maniere contre la puissance royale, que les membres de l'Empire Germanique ont lutté contre celle de l'Empereur ; parce que la Pologne n'a point en elle-même de contre-poids suffisant pour maintenir un Roi héréditaire dans la subordination légale. Malgré la puissance de plusieurs membres de l'Empire, sans l'élection accidentelle de Charles VII, les capitulations impériales ne seroient déja plus qu'un vain formulaire comme elles l'étoient au commencement de ce siecle ; & les *pacta conventa* deviendront bien plus vains encore, quand la famille royale aura eu le tems de s'affermir & de mettre toutes

H

les autres au-deſſous d'elle. Pour dire en un mot mon ſentiment ſur cet article, je penſe qu'une Couronne élective avec le plus abſolu pouvoir, vaudroit encore mieux pour la Pologne qu'une Couronne héréditaire avec un pouvoir preſque nul.

Au lieu de cette fatale loi qui rendroit la Couronne héréditaire, j'en propoſerois une bien contraire, qui, ſi elle étoit admiſe, maintiendroit la liberté de la Pologne. Ce ſeroit d'ordonner par une loi fondamentale que jamais la Couronne ne paſſeroit du pere au fils & que tout fils d'un Roi de Pologne ſeroit pour toujours exclu du trône. Je dis que je propoſerois cette loi ſi elle étoit néceſſaire : mais occupé d'un projet qui feroit le même effet ſans elle, je renvoie à ſa place l'explication de ce projet ; & ſuppoſant que par ſon effet les fils ſeront exclus du trône de leur pere, au moins immédiatement, je crois voir que la liberté bien aſſurée ne ſera pas le ſeul avantage qui réſultera de cette excluſion. Il en naîtra un autre encore très-conſidérable ; c'eſt en ôtant tout eſpoir aux Rois d'uſurper & tranſmettre à leurs enfans un pouvoir arbitraire, de porter toute leur activité vers la gloire & la profpérité de l'Etat, la feule voie qui refte ouverte à leur ambition. C'eft ainfi que le chef de la nation en deviendra, non plus l'ennemi-né, mais le premier citoyen. C'eft ainfi qu'il fera fa grande affaire d'illuftrer fon regne par des établiffemens utiles qui le rendent cher à fon peuple, refpectable à fes voifins, qui faffent bénir après lui fa mémoire, & c'eft ainfi que, hors les moyens de nuire & de féduire qu'il ne faut jamais lui laiffer, il conviendra d'augmenter fa puiffance en tout ce qui peut concourir au bien public. Il aura peu de force immédiate & directe pour agir par lui-même, mais il aura beaucoup d'autorité, de furveillance & d'infpection pour contenir chacun dans fon devoir, & pour diriger le Gouvernement à fon véritable but. La préfidence de la Diete, du Sénat, & de tous les Corps, un févere examen de la conduite de tous les gens en place, un grand foin de maintenir la juftice & l'intégrité dans tous les tribunaux, de conferver l'ordre & la tranquillité dans l'Etat, de lui donner une bonne affiette audehors, le commandement des armées en tems de guerre, les établiffemens utiles en tems de paix, font des devoirs qui tiennent particuliérement à fon office de Roi, & qui l'occuperont affez s'il veut les remplir par lui-même; car les détails de l'adminiftration étant confiés à des Miniftres établis pour cela, ce doit être un crime à un Roi de Pologne de confier aucune partie de la fienne à des favoris. Qu'il faffe fon métier en perfonne, ou qu'il y renonce. Article important fur lequel la nation ne doit jamais fe relâcher.

C'eft fur de femblables principes qu'il faut établir l'équilibre & la pondération des pouvoirs qui compofent la légiflation & l'adminiftration. Ces pouvoirs, dans les mains de leurs dépofitaires & dans la meilleure proportion poffible, devroient être en raifon directe de leur nombre & inverfe du tems qu'ils reftent en place. Les parties compofantes de la Diete fuivront d'affez près ce meilleur rapport. La chambre des Nonces, la plus nombreufe fera auffi la plus puiffante, mais tous fes membres changeront fréquemment. Le Sénat moins nombreux aura une moindre part à la légiflation, mais une plus grande à la puiffance exécutive, & fes membres participant à la conftitution des deux extrêmes, feront partie à tems & partie à vie comme il convient à un Corps intermédiaire. Le Roi qui préfide à tout continuera d'être à vie, & fon pouvoir toujours très-grand pour l'infpection, fera borné par la chambre des Nonces quant à la légiflation, & par le Sénat quant à l'adminiftration. Mais, pour maintenir l'égalité, principe de la conftitution, rien n'y doit être héréditaire que la nobleffe. Si la Couronne étoit héréditaire, il faudroit pour conferver l'équilibre, que la Pairie ou l'ordre Sénatorial le fût auffi comme en Angleterre. Alors l'ordre Equeftre abaiffé perdroit fon pouvoir, la chambre des Nonces n'ayant pas, comme celle des Communes, celui d'ouvrir & fermer tous les ans le tréfor public, & la conftitution Polonoife feroit renverfée de fond-en-comble.

CHAPITRE IX.

Caufes particulieres de l'Anarchie.

LA Diete bien proportionnée & bien pondérée ainfi dans toutes fes parties, fera la
fource d'une bonne légiflation & d'un bon
Gouvernement. Mais il faut pour cela que
fes ordres foient refpectés & fuivis. Le mépris des loix & l'anarchie où la Pologne a
vécu jufqu'ici, ont des caufes faciles à voir.
J'en ai déja ci-devant marqué la principale, &
j'en ai indiqué le remede. Les autres caufes
concourantes font, 1°. le *liberum veto*, 2°.
les confédérations, 3°. & l'abus qu'ont fait
les particuliers du droit qu'on leur a laiffé
d'avoir des gens de guerre à leur fervice.

Ce dernier abus eft tel que fi l'on ne commence pas par l'ôter, toutes les autres réformes font inutiles. Tant que les particuliers
auront le pouvoir de réfifter à la force exécutive, ils croiront en avoir le droit, & tant
qu'ils auront entr'eux de petites guerres,
comment veut-on que l'Etat foit en paix ?

J'avoue que les places fortes ont befoin de gardes ; mais pourquoi faut - il des places qui font fortes feulement contre les citoyens, & foibles contre l'ennemi ? J'ai peur que cette réforme ne fouffre des difficultés ; cependant je ne crois pas impoffible de les vaincre; & pour peu qu'un citoyen puiffant foit raifonnable, il confentira fans peine à n'avoir plus à lui de gens de guerre, quand aucun autre n'en aura.

J'ai deffein de parler ci - après des établiffemens militaires ; ainfi je renvoie à cet article ce que j'aurois à dire dans celui - ci.

Le *liberum veto* n'eft pas un droit vicieux en lui- même, mais fitôt qu'il paffe fa borne, il devient le plus dangereux des abus : il étoit le garant de la liberté publique ; il n'eft plus que l'inftrument de l'oppreffion. Il ne refte, pour ôter cet abus funefte, que d'en détruire la caufe tout-à-fait. Mais il eft dans le cœur de l'homme de tenir aux priviléges individuels, plus qu'à des avantages plus grands & plus généraux. Il n'y a qu'un patriotifme éclairé par l'expérience, qui puiffe apprendre à facrifier à de plus grands biens un droit brillant devenu pernicieux par fon

abus, & dont cet abus est désormais insépa-
rable. Tous les Polonois doivent sentir vive-
ment les maux que leur a fait souffrir ce
malheureux droit. S'ils aiment l'ordre & la
paix, ils n'ont aucun moyen d'établir chez
eux l'un & l'autre, tant qu'ils y laisseront
subsister ce droit, bon dans la formation
du Corps politique, ou quand il a toute sa
perfection, mais absurde & funeste tant qu'il
reste des changemens à faire, & il est impossible qu'il n'en reste pas toujours, sur-tout
dans un grand Etat entouré de voisins puissans & ambitieux.

Le *liberum veto* seroit moins déraisonnable,
s'il tomboit uniquement sur les points fondamentaux de la constitution ; mais qu'il
ait lieu généralement dans toutes les délibérations des Dietes, c'est ce qui ne peut s'admettre en aucune façon. C'est un vice dans
la constitution Polonoise que la légiflation
& l'administration n'y soient pas assez distin-
guées, & que la Diete, exerçant le pouvoir
législatif, y mêle des parties d'administration, fasse indifféremment des actes de Souveraineté & de Gouvernement, souvent
même des actes mixtes par lesquels ses mem-

bres font magistrats & législateurs tout à la fois.

Les changemens proposés tendent à mieux distinguer ces deux pouvoirs, & par-là même à mieux marquer les bornes du *liberum veto*. Car je ne crois pas qu'il soit jamais tombé dans l'esprit de personne de l'étendre aux matieres de pure administration, ce qui seroit anéantir l'autorité civile & tout le Gouvernement.

Par le droit naturel des sociétés, l'unanimité a été requise pour la formation du Corps politique & pour les loix fondamentales qui tiennent à son existence, telles, par exemple, que la premiere corrigée, la cinquieme, la neuvieme & l'onzieme marquees dans la Pseudo-Diete de 1768. Or, l'unanimité requise pour l'établissement de ces loix doit l'être de même pour leur abrogation. Ainsi, voilà des points sur lesquels le *liberum veto* peut continuer de subsister, & puisqu'il ne s'agit pas de le détruire totalement, les Polonois, qui sans beaucoup de murmure ont vu resserrer ce droit par la Diete de 1768, devront sans peine le voir réduire, & limiter dans une Diete plus libre & plus légitime.

Il faut bien peser & bien méditer les points capitaux qu'on établira comme loix fondamentales, & l'on fera porter fur ces points feulement la force du *liberum veto*. De cette maniere on rendra la conftitution folide & ces loix irrévocables autant qu'elles peuvent l'être : car il eft contre la nature du Corps politique de s'impofer des loix qu'il ne puiffe révoquer ; mais il n'eft ni contre la nature ni contre la raifon, qu'il ne puiffe révoquer ces loix qu'avec la même folemnité qu'il mit à les établir. Voilà toute la chaîne qu'il peut fe donner pour l'avenir. C'en eft affez & pour affermir la conftitution & pour contenter l'amour des Polonois pour le *liberum veto*, fans s'expofer dans la fuite aux abus qu'il a fait naître.

Quant à ces multitudes d'articles qu'on a mis ridiculement au nombre des loix fondamentales, & qui font feulement le Corps de la légiflation, de même que tous ceux qu'on range fous le titre de matieres d'Etat, ils font fujets par la viciffitude des chofes à des variations indifpenfables qui ne permettent pas d'y requérir l'unanimité. Il eft encore abfurde que, dans quelque cas que ce

puiſſe être, un membre de la Diete en puiſſe
arrêter l'activité, & que la retraite ou la proteſtation d'un Nonce ou de pluſieurs puiſſe
diſſoudre l'aſſemblée & caſſer ainſi l'autorité
ſouveraine. Il faut abolir ce droit barbare
& décerner peine capitale contre quiconque
feroit tenté de s'en prévaloir. S'il y avoit
des cas de proteſtation contre la Diete, ce
qui ne peut être tant qu'elle ſera libre &
complete, ce feroit aux Palatinats & Diétines que ce droit pourroit être conféré, mais
jamais à des Nonces qui, comme membres
de la Diete ne doivent avoir ſur elle aucun
degré d'autorité, ni récuſer ſes déciſions.

Entre le *veto* qui eſt la plus grande force
individuelle que puiſſent avoir les membres
de la ſouveraine puiſſance, & qui ne doit
avoir lieu que pour les loix véritablement
fondamentales, & la pluralité, qui eſt la
moindre, & qui ſe rapporte aux matieres de
ſimple adminiſtration, il y a différentes proportions ſur leſquelles on peut déterminer la
prépondérance des avis en raiſon de l'importance des matieres. Par exemple, quand il
s'agira de légiſlation, l'on peut exiger les
trois quarts au moins des ſuffrages, les deux

tiers dans les matieres d'Etat, la pluralité feulement pour les élections & autres affaires courantes & momentanées. Ceci n'eft qu'un exemple pour expliquer mon idée & non une proportion que je détermine.

Dans un Etat tel que la Pologne où les ames ont encore un grand reffort, peut-être eût-on pu conferver dans fon entier ce beau droit du *liberum veto* fans beaucoup de rifque, & peut-être même avec avantage, pourvu qu'on eût rendu ce droit dangereux à exercer, & qu'on y eût attaché de grandes conféquences pour celui qui s'en feroit prévalu. Car il eft, j'ofe le dire, extravagant que celui qui rompt ainfi l'activité de la Diete & laiffe l'Etat fans reffource, s'en aille jouir chez lui tranquillement & impunément de la défolation publique qu'il a caufée.

Si donc, dans une réfolution prefque unanime, un feul oppofant confervoit le droit de l'annuller, je voudrois qu'il répondît de fon oppofition fur fa tête, non-feulement à fes conftituans dans la Diétine poft-comitiale, mais enfuite à toute la nation dont il a fait le malheur. Je voudrois qu'il fût ordonné par la loi, que fix mois après fon

oppofition,

opposition, il seroit jugé solemnellement par un tribunal extraordinaire établi pour cela seul, composé de tout ce que la nation a de plus sage, de plus illustre & de plus respecté, & qui ne pourroit le renvoyer simplement absous, mais seroit obligé de le condamner à mort sans aucune grace, ou de lui décerner une récompense & des honneurs publics pour toute sa vie, sans pouvoir jamais prendre aucun milieu entre ces deux alternatives.

Des établissemens de cette espece, si favorables à l'énergie du courage & à l'amour de la liberté, sont trop éloignés de l'esprit moderne pour qu'on puisse espérer qu'ils soient adoptés ni goûtés ; mais ils n'étoient pas inconnus aux anciens, & c'est par-là que leurs instituteurs savoient élever les ames & les enflammer au besoin d'un zele vraiment héroïque. On a vu dans des Républiques où régnoient des loix plus dures encore, de généreux citoyens se dévouer à la mort dans le péril de la patrie, pour ouvrir un avis qui pût la sauver. Un *veto*, suivi du même danger, peut sauver l'Etat dans l'occasion, & n'y sera jamais fort à craindre.

I

Oſerois-je parler ici des confédérations, & n’être pas de l’avis des Savans? Ils ne voient que le mal qu’elles font; il faudroit voir auſſi celui qu’elles empêchent. Sans contredit la confédération eſt un état violent dans la République; mais il eſt des maux extrèmes qui rendent les remedes violens néceſſaires, & dont il faut tâcher de guérir à tout prix. La confédération eſt en Pologne ce qu’étoit la dictature chez les Romains. L’une & l’autre font taire les loix dans un péril preſſant, mais avec cette grande différence que la dictature, directement contraire à la Légiſlation Romaine & à l’eſprit du Gouvernement, a fini par le détruire, & que les confédérations, au contraire, n’étant qu’un moyen de raffermir & rétablir la conſtitution ébranlée par de grands efforts, peuvent tendre & renforcer le reſſort relâché de l’Etat, ſans pouvoir jamais le briſer. Cette forme fédérative, qui peut-être dans ſon origine eut une cauſe fortuite, me paroît être un chef d’œuvre de politique. Partout où la liberté regne, elle eſt inceſſamment attaquée & très-ſouvent en péril. Tout Etat libre, où les grandes criſes n’ont pas été prévues, est à chaque orage en danger de périr. Il n'y a que les Polonois qui de ces crises mêmes, aient su tirer un nouveau moyen de maintenir la constitution. Sans les confédérations il y a long-tems que la République de Pologne ne seroit plus, & j'ai grand'peur qu'elle ne dure pas longtems après elles, si l'on prend le parti de les abolir. Jettez les yeux sur ce qui vient de se passer. Sans les confédérations l'Etat étoit subjugué; la liberté étoit pour jamais anéantie. Voulez-vous ôter à la République la ressource qui vient de la sauver.

Et qu'on ne pense pas que quand le *liberum veto* sera aboli & la pluralité rétablie, les confédérations deviendront inutiles, comme si tout leur avantage consistoit dans cette pluralité. Ce n'est pas la même chose. La puissance exécutive attachée aux confédérations, leur donnera toujours dans les besoins extrêmes une vigueur, une activité, une célérité que ne peut avoir la Diete, forcée à marcher à pas plus lents, avec plus de formalités, & qui ne peut faire un seul mouvement irrégulier sans renverser la constitution.

Non, les confédérations sont le bouclier,

l'afyle, le fanctuaire de cette conftitution.
Tant qu'elles fubfifteront, il me paroît impoffible qu'elle fe détruife. Il faut les laiffer,
mais il faut les régler. Si tous les abus étoient
ôtés, les confédérations deviendroient prefque inutiles. La réforme de votre Gouvernement doit opérer cet effet. Il n'y aura plus
que les entreprifes violentes qui mettent dans
la néceffité d'y recourir ; mais ces entreprifes
font dans l'ordre des chofes qu'il faut prévoir. Au lieu donc d'abolir les confédérations, déterminez les cas où elles peuvent
légitimement avoir lieu, & puis réglez - en
bien la forme & l'effet, pour leur donner
une fanction légale autant qu'il eft poffible,
fans gêner leur formation ni leur activité. Il
y a même de ces cas où par le feul fait toute
la Pologne doit être à l'inftant confédérée ;
comme, par exemple, au moment où, fous
quelque prétexte que ce foit & hors le cas
d'une guerre ouverte, des troupes étrangeres
mettent le pied dans l'Etat ; parce qu'enfin,
quel que foit le fujet de cette entrée, & le
Gouvernement même y eût-il confenti, confédération chez foi n'eft pas hoftilité chez les
autres ; lorfque par quelque obftacle que ce

puiſſe être , la Diete eſt empêchée de s'aſſembler au tems marqué par la loi; lorſqu'à l'inſtigation de qui que ce ſoit , on fait trouver des gens de guerre au tems & au lieu de ſon aſſemblée , ou que ſa forme eſt altérée , ou que ſon activité eſt ſuſpendue , ou que ſa liberté eſt gênée en quelque façon que ce ſoit. Dans tous ces cas la confédération générale doit exiſter par le ſeul fait ; les aſſemblées & ſignatures particulieres n'en ſont que des branches , & tous les Maréchaux en doivent être ſubordonnés à celui qui aura été nommé le premier.

CHAPITRE X.

Administration.

Sans entrer dans des détails d'administration pour lesquels les connoissances & les vues me manquent également, je risquerai seulement sur les deux parties des finances & de la guerre quelques idées que je dois dire puisque je les crois bonnes, quoique presque assuré qu'elles ne seront pas goûtées : mais avant tout, je ferai sur l'administration de la justice une remarque qui s'éloigne un peu moins de l'esprit du Gouvernement Polonois.

Les deux états d'homme d'épée & d'homme de robe étoient inconnus des anciens. Les citoyens n'étoient par métier ni soldats, ni juges, ni prêtres ; ils étoient tout par devoir. Voilà le vrai secret de faire que tout marche au but commun, d'empêcher que l'esprit d'état ne s'enracine dans les Corps aux dépens du patriotisme, & que l'hydre de la chicane ne dévore une nation. La fonction

de juge, tant dans les tribunaux suprêmes
que dans les justices terrestres doit être un
état passager d'épreuve, sur lequel la nation
puisse apprécier le mérite & la probité d'un
citoyen, pour l'élever ensuite aux postes plus
éminens dont il est trouvé capable. Cette maniere de s'envisager eux - mêmes ne peut que
rendre les juges très-attentifs à se mettre à
l'abri de tout reproche, & leur donner généralement toute l'attention & toute l'intégrité que leur place exige. C'est ainsi que
dans les beaux tems de Rome on passoit par
la Prêture pour arriver au Consulat. Voilà
le moyen qu'avec peu de loix claires & simples, même avec peu de juges la justice soit
bien administrée, en laissant aux juges le
pouvoir de les interpréter & d'y suppléer au
besoin par les lumieres naturelles de la droiture & du bon sens. Rien de plus puérile
que les précautions prises sur ce point par les
Anglois. Pour ôter les jugemens arbitraires,
ils se sont soumis à mille jugemens iniques
& même extravagans : des nuées de gens de
loi les dévorent, d'éternels procès les consu-
ment ; & avec la folle idée de vouloir tout
prévoir, ils ont fait de leurs loix un dédale

immenfe où la mémoire & la raifon fé per-
dent également.

Il faut faire trois Codes. L'un politique ,
l'autre civil , & l'autre criminel. Tous trois
clairs , courts & précis autant qu'il fera poffible. Ces Codes feront enfeignés non feulement dans les univerfités , mais dans tous
les colléges , & l'on n'a pas befoin d'autre
Corps de droit. Toutes les regles du droit
naturel font mieux gravées dans les cœurs
des hommes que dans tout le fatras de Jufti-
nien. Rendez les feulement honnêtes & vertueux , & je vous réponds qu'ils fauront affez
de droit ; mais il faut que tous les citoyens
& fur-tout les hommes publics , foient inftruits des loix pofitives de leur pays , & des
regles particulieres fur lefquelles ils font gou-
vernés. Ils les trouveront dans ces Codes
qu'ils doivent étudier, & tous les nobles
avant d'être infcrits dans le livre d'or qui
doit leur ouvrir l'entrée d'une Diétine , doivent foutenir fur ces Codes & en particulier
fur le premier un examen qui ne foit pas une
fimple formalité , & fur lequel s'ils ne font
pas fuffifamment inftruits , ils feront ren-
voyés jufqu'à ce qu'ils le foient mieux. A

l'égard du droit Romain & des coutumes, tout cela, s'il exifte, doit être ôté des écoles & des tribunaux. On n'y doit connoître d'autre autorité que les loix de l'Etat ; elles doivent être uniformes dans toutes les provinces pour tarir une fource de procès ; & les queftions qui n'y feront pas décidées doivent l'être par le bon fens & l'intégrité des juges. Comptez que quand la magiftrature ne fera pour ceux qui l'exercent qu'un état d'épreuve pour monter plus haut, cette autorité n'aura pas en eux l'abus qu'on en pourroit craindre, ou que fi cet abus a lieu, il fera toujours moindre que celui de ces foules de loix qui fouvent fe contredifent, dont le nombre rend les procès éternels, & dont le conflit rend également les jugemens arbitraires.

Ce que je dis ici des juges doit s'entendre à plus forte raifon des avocats. Cet état fi refpectable en lui-même fe dégrade & s'avilit fi - tôt qu'il devient un métier. L'avocat doit être le premier juge de fon client & le plus févere : fon emploi doit être comme il étoit à Rome & comme il eft encore à Geneve, le premier pas pour arriver aux magiftratures;

& en effet les avocats sont fort considérés à Geneve & méritent de l'être. Ce sont des postulans pour le Conseil, très-attentifs à ne rien faire qui leur attire l'improbation publique. Je voudrois que toutes les fonctions publiques menassent ainsi de l'une à l'autre ; afin que, nul ne s'arrangeant pour rester dans la sienne, ne s'en fît un métier lucratif & ne se mît au-dessus du jugement des hommes. Ce moyen rempliroit parfaitement le vœu de faire passer les enfans des citoyens opulens par l'état d'avocat, ainsi rendu honorable & passager. Je développerai mieux cette idée dans un moment.

Je dois dire ici en passant, puisque cela me vient à l'esprit, qu'il est contre le système d'égalité dans l'ordre Equestre d'y établir des substitutions & des Majorats. Il faut que la législation tende toujours à diminuer la grande inégalité de fortune & de pouvoir, qui met trop de distance entre les Seigneurs & les simples nobles, & qu'un progrès naturel tend toujours à augmenter. A l'égard du cens par lequel on fixeroit la quantité de terre qu'un noble doit posséder pour être admis aux Diétines, voyant à cela du bien & du mal, & ne connoiſſant pas aſſez le pays pour comparer les effets, je n'oſe abſolument décider cette queſtion. Sans contredit, il ſeroit à deſirer qu'un citoyen ayant voix dans un Palatinat y poſſédât quelques terres, mais je n'aimerois pas trop qu'on en fixât la quantité : en comptant les poſſeſſions pour beaucoup de choſes, faut il donc tout à-fait compter les hommes pour rien ? Eh quoi ! parce qu'un gentilhomme aura peu ou point de terre, ceſſe-t il pour cela d'être libre & noble, & ſa pauvreté ſeule eſt-elle un crime aſſez grave pour lui faire perdre ſon droit de citoyen ?

Au reſte, il ne faut jamais ſouffrir qu'aucune loi tombe en déſuétude. Fût-elle indifférente, fût-elle mauvaiſe, il faut l'abroger formellement ou la maintenir en vigueur. Cette maxime qui eſt fondamentale, obligera de paſſer en revue toutes les anciennes loix, d'en abroger beaucoup, & de donner la ſanction la plus ſévere à celles qu'on voudra conſerver. On regarde en France comme une maxime d'Etat de fermer les yeux ſur beaucoup de choſes ; c'eſt à quoi le deſpotiſme oblige toujours ; mais dans un Gouverne-

ment libre, c'eſt le moyen d'énerver la légiſlation & d'ébranler la conſtitution. Peu
de loix, mais bien digérées, & ſur-tout
bien obſervées. Tous les abus qui ne ſont pas
défendus ſont encore ſans conſéquence ; mais
qui dit une loi dans un Etat libre, dit une
choſe devant laquelle tout citoyen tremble,
& le Roi tout le premier. En un mot, ſouf-
frez tout plutôt que d'uſer le reſſort des loix ;
car quand une fois ce reſſort eſt uſé, l'Etat
eſt perdu ſans reſſource.

CHAP. XI.

CHAPITRE XI.

Syftême économique.

LE choix du fyftême économique que doit adopter la Pologne, dépend de l'objet qu'elle fe propofe en corrigeant fa conftitution. Si vous ne voulez que devenir bruyans, brillans, redoutables, & influer fur les autres peuples de l'Europe, vous avez leur exemple, appliquez-vous à l'imiter. Cultivez les fciences, les arts, le commerce l'induftrie ; ayez des troupes réglées, des places fortes, des académies, fur-tout un bon fyftême de finance qui faffe bien circuler l'argent, qui par-là le multiplie, qui vous en procure beaucoup ; travaillez à le rendre très-néceffaire, afin de tenir le peuple dans une plus grande dépendance, & pour cela fomentez & le luxe matériel, & le luxe de l'efprit qui en eft inféparable. De cette maniere vous formerez un peuple intrigant, ardent, avide, ambitieux, fervile & fripon comme les autres, toujours fans aucun milieu à l'un des deux extrêmes

K

de la misere ou de l'opulence, de la licence ou de l'esclavage : mais on vous comptera parmi les grandes puissances de l'Europe, vous entrerez dans tous les systêmes politiques, dans toutes les négociations on recherchera votre alliance, on vous liera par des traités : il n'y aura pas une guerre en Europe où vous n'ayez l'honneur d'être fourrés ; si le bonheur vous en veut, vous pourrez rentrer dans vos anciennes possessions, peut-être en conquérir de nouvelles, & puis dire comme Pyrhus ou comme les Russes, c'est à-dire, comme les enfans : *Quand tout le monde sera à moi je mangerai bien du sucre.*

Mais si par hasard vous aimiez mieux former une nation libre, paisible & sage, qui n'a ni peur ni besoin de personne, qui se suffit à elle-même & qui est heureuse ; alors il faut prendre une méthode toute différente, maintenir, rétablir chez vous des mœurs simples, des goûts sains, un esprit martial sans ambition ; former des ames courageuses & désintéressées ; appliquer vos peuples à l'agriculture & aux arts nécessaires à la vie ; rendre l'argent méprisable & s'il se peut inutile ; chercher, trouver pour opérer de grandes

chofes, des reſſorts plus puiſſans & plus sûrs.
Je conviens qu'en ſuivant cette route vous ne
remplirez pas les gazettes du bruit de vos
fêtes, de vos négociations, de vos exploits,
que les Philoſophes ne vous encenſeront pas,
que les Poëtes ne vous chanteront pas, qu'en
Europe on parlera peu de vous: peut-être même
affectera-t-on de vous dédaigner ; mais vous
vivrez dans la véritable abondance, dans la
juſtice & dans la liberté ; mais on ne vous
cherchera pas querelle, on vous craindra ſans
en faire ſemblant, & je vous réponds que les
Ruſſes ni d'autres ne viendront plus faire les
maîtres chez vous, ou que, ſi pour leur
malheur ils y viennent, ils feront beaucoup
plus preſſés d'en ſortir. Ne tentez pas ſur-tout
d'allier ces deux projets ; ils ſont trop contradictoires, & vouloir aller aux deux par
une marche compoſée, c'eſt vouloir les manquer tous deux. Choiſiſſez donc, & ſi vous
préférez le premier parti, ceſſez ici de me lire;
car de tout ce qui me reſte à propoſer, rien
ne ſe rapporte plus qu'au ſecond.

Il y a ſans contredit d'excellentes vues éco-
nomiques dans les papiers qui m'ont été com-
muniqués. Le défaut que j'y vois eſt d'être

plus favorables à la richeſſe qu'à la proſpérité. En fait de nouveaux établiſſemens, il ne faut pas ſe contenter d'en voir l'effet immédiat ; il faut encore en bien prévoir les conſéquences éloignées mais néceſſaires. Le projet, par exemple, pour la vente des Staroſties & pour la maniere d'en employer le produit, me paroît bien entendu & d'une exécution facile dans le ſyſtême établi dans toute l'Europe de tout faire avec de l'argent. Mais ce ſyſtême eſt-il bon en lui-même & va-t-il bien à ſon but ? Eſt-il ſûr que l'argent ſoit le nerf de la guerre ? Les peuples riches ont toujours été battus & conquis par les peuples pauvres. Eſt-il ſûr que l'argent ſoit le reſſort d'un bon Gouvernement ? Les ſyſtèmes de finances ſont modernes. Je n'en vois rien ſortir de bon ni de grand. Les Gouvernemens anciens ne connoiſſoient pas même ce mot de *finance*, & ce qu'ils faiſoient avec des hommes eſt prodigieux. L'argent eſt tout au plus le ſupplément des hommes, & le ſupplément ne vaudra jamais la choſe. Polonois, laiſſez-moi tout cet argent aux autres, ou contentez-vous de celui qu'il faudra bien qu'ils vous donnent, puiſqu'ils ont plus beſoin de vos bleds que vous de leur or. Il vaut mieux, croyez-moi, vivre dans l'abondance que dans l'opulence ; foyez mieux que pécunieux, foyez riches : cultivez bien vos champs fans vous foucier du refte , bientôt vous moiffonnerez de l'or , & plus qu'il n'en faut pour vous procurer l'huile & le vin qui vous manquent , puifqu'à cela près la Pologne abonde ou peut abonder de tout. Pour vous maintenir heureux & libres , ce font des têtes, des cœurs & des bras qu'il vous faut : c'eft-là ce qui fait la force d'un Etat & la profpérité d'un peuple. Les fyftèmes des finances font des ames vénales , & dès qu'on ne veut que gagner , on gagne toujours plus à être fripon qu'honnête - homme. L'emploi de l'argent fe dévoie & fe cache ; il eft deftiné à une chofe & employé à une autre. Ceux qui le manient apprennent bientôt à le détourner , & que font tous les furveillans qu'on leur donne, finon d'autres fripons qu'on envoie partager avec eux ? S'il n'y avoit que des richeffes publiques & manifeftes ; fi la marche de l'or laiffoit une marque oftenfible & ne pouvoit fe cacher , il n'y auroit point d'expédient plus commode pour acheter des fer vices, du courage, de la fidélité, des vertus ; mais vu sa circulation secrete, il est plus commode encore pour faire des pillards & des traîtres, pour mettre à l'enchere le bien public & la liberté. En un mot l'argent est à la fois le ressort le plus foible & le plus vain que je connoisse pour faire marcher à son but la machine politique, le plus fort & le plus sûr pour l'en détourner.

On ne peut faire agir les hommes que par leur intérêt, je le sais ; mais l'intérêt pécuniaire est le plus mauvais de tous, le plus vil, le plus propre à la corruption, & même, je le répete avec confiance & le soutiendrai toujours, le moindre & le plus foible aux yeux de qui connoît bien le cœur humain. Il est naturellement dans tous les cœurs de grandes passions en réserve ; quand il n'y reste plus que celle de l'argent, c'est qu'on a énervé, étouffé toutes les autres qu'il falloit exciter & développer. L'avare n'a point proprement de passion qui le domine, il n'aspire à l'argent que par prévoyance, pour contenter celles qui pourront lui venir. Sachez les fomenter & les contenter directement sans cette ressource, bientôt elle perdra tout son prix.

Les dépenses publiques sont inévitables ; j'en conviens encore. Faites-les avec toute autre chose qu'avec de l'argent. De nos jours encore, on voit en Suisse les officiers, les magistrats & autres stipendiaires publics, payés avec des denrées. Ils ont des dîmes, du vin, du bois, des droits utiles, honorifiques. Tout le service public se fait par corvées, l'Etat ne paie presque rien en argent. Il en faut, dira-t-on, pour le paiement des troupes ? Cet article aura sa place dans un moment. Cette maniere de paiement n'est pas sans inconvéniens, il y a de la perte, du gaspillage : l'administration de ces sortes de biens est plus embarrassante ; elle déplaît sur-tout à ceux qui en sont chargés, parce qu'ils y trouvent moins à faire leur compte. Tout cela est vrai ; mais que le mal est petit en comparaison de la foule de maux qu'il sauve ! Un homme voudroit malverser qu'i ne le pourroit pas, du moins sans qu'il y parût. On m'objectera les Baillifs de quelques Cantons Suisses, mais d'où viennent leurs vexations ? des amendes pécuniaires qu'ils imposent. Ces amendes arbitraires sont un grand mal déja par elles-mêmes ; cependan s'ils ne les pouvoient exiger qu'en denrées, ce ne seroit presque rien. L'argent extorqué se cache aisément, des magasins ne se cacheroient pas de même. Cherchez en tout pays, en tout Gouvernement & par toute terre. Vous n'y trouverez pas un grand mal en morale & en politique où l'argent ne soit mêlé.

On me dira que l'égalité des fortunes qui regne en Suisse rend la parsimonie aisée dans l'administration : au lieu que tant de puissantes maisons & de grands Seigneurs qui sont en Pologne demandent pour leur entretien de grandes dépenses & des finances pour y pourvoir. Point du tout. Ces grands Seigneurs sont riches par leurs patrimoines, & leurs dépenses seront moindres, quand le luxe cessera d'être en honneur dans l'Etat, sans qu'elles les distinguent moins des fortunes inférieures, qui suivront la même proportion. Payez leurs services par de l'autorité, des honneurs, de grandes places. L'inégalité des rangs est compensée en Pologne par l'avantage de la noblesse, qui rend ceux qui les remplissent plus jaloux des honneurs que du profit. La République, en graduant &

diftribuant à propos ces récompenfes purement honorifiques, fe ménage un tréfor qui
ne la ruinera pas, & qui lui donnera des
héros pour citoyens. Ce tréfor des honneurs
eft une reffource inépuifable chez un peuple
qui a de l'honneur ; & plût à Dieu que la
Pologne eût l'efpoir d'épuifer cette reffource !
O heureufe la nation qui ne trouvera plus
dans fon fein de diftinctions poffibles pour
la vertu !

Au défaut de n'être pas dignes d'elle, les
récompenfes pécuniaires joignent celui de
n'être pas affez publiques, de ne parler pas
fans ceffe aux yeux & aux cœurs, de difpa-
roître auffi-tôt qu'elles font accordées, & de
ne laiffer aucune trace vifible qui excite
l'émulation en perpétuant l'honneur qui doit
les accompagner. Je voudrois que tous les
grades, tous les emplois, toutes les récompenfes honorifiques fe marquaffent par des
fignes extérieurs, qu'il ne fût jamais permis
à un homme en place de marcher *inco-
gnito*, que les marques de fon rang ou
de fa dignité le fuiviffent par-tout, afin
que le peuple le refpectât toujours & qu'il
fe refpectât toujours lui-même ; qu'il pût

ainſi toujours dominer l'opulence ; qu'un riche qui n'eſt que riche , ſans ceſſe offuſqué par des citoyens titrés & pauvres, ne trouvât ni conſidération ni agrément dans ſa patrie; qu'il fût forcé de la ſervir pour y briller , d'être integre par ambition , & d'aſpirer malgré ſa richeſſe à des rangs où la ſeule approbation publique mene, & d'où le blâme peut toujours faire déchoir. Voilà comment on énerve la force des richeſſes, & comment on fait des hommes qui ne ſont point à vendre. J'inſiſte beaucoup ſur ce point, bien perſuadé que vos voiſins, & ſur-tout les Ruſſes, n'épargneront rien pour corrompre vos gens en place, & que la grande affaire de votre Gouvernement eſt de travailler à les rendre incorruptibles.

Si l'on me dit que je veux faire de la Pologne un peuple de capucins, je réponds d'abord que ce n'eſt là qu'un argument à la Françoiſe, & que plaiſanter n'eſt pas raiſonner. Je réponds encore qu'il ne faut pas outrer mes maximes au-delà de mes intentions & de la raiſon, que mon deſſein n'eſt pas de ſupprimer la circulation des eſpeces, mais

feulement de la ralentir , & de prouver fur-
tout combien il importe qu'un bon fyftême
économique ne foit pas un fyftême de finance
& d'argent. Lycurgue pour déraciner la cupidité dans Sparte n'anéantit pas la monnoie ,
mais il en fit une de fer. Pour moi je n'entends profcrire ni l'argent , ni l'or , mais les
rendre moins néceffaires , & faire que celui
qui n'en a pas foit pauvre fans être gueux.
Au fond l'argent n'eft pas la richeffe , il n'en
eft que le figne ; ce n'eft pas le figne qu'il faut
multiplier , mais la chofe repréfentée. J'ai
vu , malgré les fables des voyageurs , que les
Anglois , au milieu de tout leur or n'étoient
pas en détail moins néceffiteux que les autres
peuples. Et que m'importe après tout d'avoir
cent guinées au lieu de dix , fi ces cent guinées ne me rapportent pas une fubfiftance
plus aifée ? La richeffe pécuniaire n'eft que
relative , & felon des rapports qui peuvent
changer par mille caufes , on peut fe trouver
fucceffivement riche & pauvre avec la même
fomme , mais non pas avec des biens en
nature ; car comme immédiatement utiles à
l'homme , ils ont toujours leur valeur abfo-
lue qui ne dépend point d'une opération de

commerce. J'accorderai que le peuple Anglois eſt plus riche que les autres peuples ; mais il ne s'enſuit pas qu'un bourgeois de Londres vive plus à ſon aiſe qu'un bourgeois de Paris. De peuple à peuple celui qui a plus d'argent a de l'avantage ; mais cela ne fait rien au ſort des particuliers, & ce n'eſt pas là que gît la proſpérité d'une nation.

Favoriſez l'agriculture & les arts utiles, non pas en enrichiſſant les cultivateurs, ce qui ne ſeroit que les exciter à quitter leur état, mais en le leur rendant honorable & agréable. Etabliſſez les manufactures de premiere néceſſité ; multipliez ſans ceſſe vos bleds & vos hommes ſans vous mettre en ſouci du reſte. Le ſuperflu du produit de vos terres, qui par les monopoles multipliés va manquer au reſte de l'Europe, vous apportera néceſſairement plus d'argent que vous n'en aurez beſoin. Au-delà de ce produit néceſſaire & ſûr, vous ſerez pauvres tant que vous voudrez en avoir ; ſitôt que vous ſaurez vous en paſſer, vous ſerez riches. Voilà l'eſprit que je voudrois faire régner dans votre ſyſtême économique. Peu ſonger à l'étranger, peu vous ſoucier du commerce ;

mais

mais multiplier chez vous, autant qu'il est possible, & la denrée & les consommateurs. L'effet infaillible & naturel d'un Gouvernement libre & juste est la population. Plus donc vous perfectionnerez votre Gouvernement, plus vous multiplierez votre peuple sans même y songer. Vous n'aurez ainsi ni mendians, ni millionnaires. Le luxe & l'indigence disparoîtront ensemble insensiblement, & les citoyens, guéris des goûts frivoles que donne l'opulence, & des vices attachés à la misere, mettront leurs soins & leur gloire à bien servir la patrie, & trouveront leur bonheur dans leurs devoirs.

Je voudrois qu'on imposât toujours les bras des hommes plus que leurs bourses; que les chemins, les ponts, les édifices publics, le service du Prince & de l'Etat se fissent par des corvées & non point à prix d'argent. Cette sorte d'impôt est au fond la moins onéreuse, & sur-tout celle dont on peut le moins abuser : car l'argent disparoît en sortant des mains qui le paient; mais chacun voit à quoi les hommes sont employés, & l'on ne peut les surcharger à pure perte. Je sais que cette méthode est impraticable où regnent le luxe,

L

le commerce & les arts : mais rien n'est si facile chez un peuple simple & de bonnes mœurs , & rien n'est plus utile pour les conserver telles : c'est une raison de plus pour la préférer.

Je reviens donc aux Starosties , & je conviens derechef que le projet de les vendre, pour en faire valoir le produit au profit du trésor public, est bon & bien entendu quant à son objet économique ; mais quant à l'objet politique & moral , ce projet est si peu de mon goût, que si les Starosties étoient vendues je voudrois qu'on les rachetât pour en faire le fonds des salaires & récompenses de ceux qui serviroient la patrie ou qui auroient bien mérité d'elle. En un mot, je voudrois, s'il étoit possible , qu'il n'y eût point de trésor public, & que le fisc ne connût pas même les paiemens en argent. Je sens que la chose à la rigueur n'est pas possible ; mais l'esprit du Gouvernement doit toujours tendre à la rendre telle , & rien n'est plus contraire à cet esprit que la vente dont il s'agit. La République en seroit plus riche, il est vrai , mais le ressort du Gouvernement en seroit plus foible en proportion.

J'avoue que la régie des biens publics en deviendroit plus difficile & sur-tout moins agréable aux régisseurs, quand tous ces biens seront en nature & point en argent : mais il faut faire alors de cette régie & de son inspection autant de preuves de bon sens, de vigilance, & sur-tout d'intégrité pour parvenir à des places plus éminentes. On ne fera qu'imiter à cet égard l'administration municipale établie à Lyon, où il faut commencer par être administrateur de l'Hôtel-Dieu pour parvenir aux charges de la ville ; & c'est sur la maniere dont on s'acquitte de celle-là, qu'on fait juger si l'on est digne des autres. Il n'y avoit rien de plus integre que les Questeurs des armées Romaines, parce que la Questure étoit le premier pas pour arriver aux charges curules. Dans les places qui peuvent tenter la cupidité, il faut faire en sorte que l'ambition la réprime. Le plus grand bien qui résulte de là n'est pas l'épargne des friponneries ; mais c'est de mettre en honneur le désintéressement, & de rendre la pauvreté respectable, quand elle est le fruit de l'intégrité.

Les revenus de la République n'égalent pas

sa dépense ; je le crois bien ; les citoyens ne veulent rien payer du tout. Mais des hommes qui veulent être libres ne doivent pas être esclaves de leur bourse ; & où est l'Etat où la liberté ne s'achete pas, & même très-cher ? On me citera la Suisse ; mais, comme je l'ai déja dit, dans la Suisse les citoyens remplissent eux-mêmes les fonctions que partout ailleurs ils aiment mieux payer pour les faire remplir par d'autres. Ils font soldats, officiers, magistrats, ouvriers ; ils font tout pour le service de l'Etat, & toujours prêts à payer de leur personne, ils n'ont pas besoin de payer encore de leur bourse. Quand les Polonois voudront en faire autant, ils n'auront pas plus besoin d'argent que les Suisses : mais si un grand Etat refuse de se conduire sur les maximes des petites Républiques, il ne faut pas qu'il en recherche les avantages, ni qu'il veuille l'effet en rejettant les moyens de l'obtenir. Si la Pologne étoit selon mon desir, une confédération de trente - trois petits Etats, elle réuniroit la force des grandes Monarchies & la liberté des petites Républiques ; mais il faudroit pour cela renoncer à l'ostentation,

& j'ai peur que cet article ne foit le plus difficile.

De toutes les manieres d'affeoir un impôt, la plus commode & celle qui coûte le moins de frais eft fans contredit la capitation ; mais c'eft auffi la plus forcée, la plus arbitraire, & c'eft fans doute pour cela que Montefquieu la trouve fervile, quoiqu'elle ait été la feule pratiquée par les Romains, & qu'elle exifte encore en ce moment en plufieurs Républiques, fous d'autres noms à la vérité, comme à Geneve, où l'on appelle cela *payer les Gardes*, & où les feuls citoyens & bourgeois paient cette taxe, tandis que les habitans & natifs en paient d'autres ; ce qui eft exactement le contraire de l'idée de Montefquieu.

Mais comme il eft injufte & déraifonnable d'impofer les gens qui n'ont rien, les impofitions réelles valent toujours mieux que les perfonnelles : feulement il faut éviter celles dont la perception eft difficile & coûteufe, & celles fur-tout qu'on élude par la contrebande qui fait des non - valeurs, remplit l'Etat de fraudeurs & de brigands, & corrompt la fidélité des citoyens. Il faut que l'impofition foit fi bien proportionnée , que l'embarras de la fraude en furpaffe le profit. Ainfi jamais d'impôt fur ce qui fe cache aifément, comme la dentelle & les bijoux ; il vaut mieux défendre de les porter que de les entrer. En France on excite à plaifir la tentation de la contrebande , & cela me fait croire que la Ferme trouve fon compte à ce qu'il y ait des contrebandiers. Ce fyftême eft abominable & contraire à tout bon fens. L'expérience apprend que le papier timbré eft un impôt fingulièrement onéreux aux pauvres , gênant pour le commerce , qui multiplie extrêmement les chicanes & fait beaucoup crier le peuple par tout où il eft établi ; je ne confeillerois pas d'y penfer. Celui fur les beftiaux me paroît beaucoup meilleur pourvu qu'on évite la fraude , car toute fraude poffible eft toujours une fource de maux. Mais il peut être onéreux aux contribuables, en ce qu'il faut le payer en argent, & le produit des contributions de cette efpece eft trop fujet à être dévoyé de fa deftination.

L'impôt le meilleur à mon avis, le plus naturel, & qui n'eft point fujet à la fraude,

est une taxe proportionnelle sur les terres &
sur toutes les terres sans exception, comme
l'ont proposée le Maréchal de Vauban &
l'Abbé de Saint - Pierre ; car enfin c'est ce
qui produit qui doit payer. Tous les biens
royaux, terrestres, ecclésiastiques & en roture,
doivent payer également, c'est-à-dire, proportionnellement à leur étendue & à leur
produit, quel qu'en soit le propriétaire.
Cette imposition paroîtroit demander une
opération préliminaire qui seroit longue &
coûteuse, savoir un cadastre général. Mais
cette dépense peut très-bien s'éviter, & même
avec avantage, en asseyant l'impôt non sur
la terre directement, mais sur son produit,
ce qui seroit encore plus juste ; c'est- à-dire ,
en établissant dans la proportion qui seroit
jugée convenable, une dîme qui se leveroit
en nature sur la récolte comme la dîme ecclé-
siastique ; & pour éviter l'embarras des détails
& des magasins, on affermeroit ces dîmes
à l'enchere, comme font les Curés. En
sorte que les particuliers ne seroient tenus de
payer la dîme que sur leur récolte, & ne la
paieroient de leur bourse que lorsqu'ils l'aimeroient mieux ainsi, sur un tarif réglé par

le Gouvernement. Ces fermes réunies pourroient être un objet de commerce, par le débit des denrées qu'elles produiroient & qui pourroient passer à l'étranger par la voie de Dantzick ou de Riga. On éviteroit encore par-là tous les frais de perception & de régie, toutes ces nuées de commis & d'employés si odieux au peuple, si incommodes au public ; & ce qui est le plus grand point, la République auroit de l'argent sans que les citoyens fussent obligés d'en donner : car je ne répéterai jamais assez que ce qui rend la taille & tous les impôts onéreux au cultivateur, est qu'ils sont pécuniaires, & qu'il est premiérement obligé de vendre pour parvenir à payer.

CHAPITRE XII.

Syſtême Militaire.

DE toutes les dépenſes de la République
l'entretien de l'armée de la Couronne eſt la
plus conſidérable, & certainement les ſervi-
ces que rend cette armée ne ſont pas proportionnés à ce qu'elle coûte. Il faut pourtant,
va-t-on dire auſſi-tôt, des troupes pour garder l'Etat. J'en conviendrois, ſi ces troupes
le gardoient en effet ; mais je ne vois pas
que cette armée l'ait jamais garanti d'aucune
invaſion, & j'ai grand'peur qu'elle ne l'en
garantiſſe pas plus dans la ſuite.

La Pologne eſt environnée de puiſſances
belliqueuſes, qui ont continuellement ſur
pied de nombreuſes troupes parfaitement
diſciplinées, auxquelles, avec les plus grands
efforts, elle n'en pourra jamais oppoſer de
pareilles ſans s'épuiſer en très-peu de tems,
ſur - tout dans l'état déplorable où celles qui
la déſolent vont la laiſſer. D'ailleurs on ne la
laiſſeroit pas faire, & ſi avec les reſſources

de la plus vigoureuſe adminiſtration, elle vouloit mettre ſon armée ſur un pied reſpec- table, ſes voiſins attentifs à la prévenir l'écra- ſeroient bien vîte, avant qu'elle pût exécuter ſon projet. Non, ſi elle ne veut que les imi- ter, elle ne leur réſiſtera jamais.

La nation Polonoiſe eſt différente de natu- rel, de gouvernement de mœurs, de lan- gage, non - ſeulement de celles qui l'avoiſi- nent, mais de tout le reſte de l'Europe. Je voudrois qu'elle en différât encore dans ſa conſtitution militaire, dans ſa tactique, dans ſa diſcipline, qu'elle fût toujours elle & non pas une autre. C'eſt alors ſeulement qu'elle ſera tout ce qu'elle peut être, & qu'elle tirera de ſon ſein toutes les reſſources qu'elle peut avoir. La plus inviolable loi de la nature eſt la loi du plus fort. Il n'y a point de légiſlation, point de conſtitution qui puiſſe exempter de cette loi. Chercher les moyens de vous garantir des invaſions d'un voiſin plus fort que vous, c'eſt cher- cher une chimere. C'en ſeroit une encore plus grande de vouloir faire des conquêtes & vous donner une force offenſive ; elle eſt incompatible avec la forme de votre Gouvernement. Quiconque veut être libre, ne doit pas vouloir être conquérant. Les Romains le furent par néceffité, & pour ainfi dire, malgré eux-mêmes. La guerre étoit un remede néceffaire au vice de leur conftitution. Toujours attaqués & toujours vainqueurs, ils étoient le feul peuple difcipliné parmi des barbares, & devinrent les maîtres du monde en fe défendant toujours. Votre pofition eft fi différente que vous ne fauriez même vous défendre contre qui vous attaquera. Vous n'aurez jamais la force offenfive ; de longtems vous n'aurez la défenfive ; mais vous aurez bientôt, ou pour mieux dire vous avez déja la force confervatrice qui, même fubjugués, vous garantira de la deftruction, & confervera votre Gouvernement & votre liberté dans fon feul & vrai fanctuaire, qui eft le cœur des Polonois.

Les troupes réglées, pefte & dépopulation de l'Europe, ne font bonnes qu'à deux fins : ou pour attaquer & conquérir les voifins, ou pour enchaîner & afervir les citoyens. Ces deux fins vous font également étrangeres ; renoncez donc au moyen par lequel on y parvient. L'Etat ne doit pas refter fans défenfeurs, je le fais ; mais fes vrais défenfeurs font fes membres. Tout citoyen doit être foldat par devoir, nul ne doit l'être par métier. Tel fut le fyftême militaire des Romains ; tel eft aujourd'hui celui des Suiffes ; tel doit être celui de tout Etat libre, & furtout de la Pologne. Hors d'état de folder une armée fuffifante pour la défendre, il faut qu'elle trouve au befoin cette armée dans fes habitans. Une bonne milice, une véritable milice bien exercée, eft feule capable de remplir cet objet. Cette milice coûtera peu de chofe à la République, fera toujours prête à la fervir & la fervira bien, parce qu'enfin l'on défend toujours mieux fon propre bien que celui d'autrui.

Monfieur le Comte de Wielhorski propofe de lever un régiment par Palatinat, & de l'entretenir toujours fur pied. Ceci fuppofe qu'on licencieroit l'armée de la Couronne ou du moins l'infanterie ; car je crois que l'entretien de ces trente-trois régimens furchargeroit trop la République, fi elle avoit outre cela l'armée de la Couronne à payer. Ce changement auroit fon utilité, & me paroît facile à faire ; mais il peut devenir onéreux encore,

encore, & l'on préviendra difficilement les abus. Je ne ferois pas d'avis d'éparpiller les foldats pour maintenir l'ordre dans les bourgs & villages ; cela feroit pour eux une mauvaife difcipline. Les foldats, fur-tout ceux qui font tels par métier, ne doivent jamais être livrés feuls à leur propre conduite & bien moins chargés de quelque infpection fur les citoyens. Ils doivent toujours marcher & féjourner en Corps : toujours fubordonnés & furveillés, ils ne doivent être que des inftrumens aveugles dans les mains de leurs officiers. De quelque petite infpection qu'on les chargeât, il en réfulteroit des violences, des vexations, des abus fans nombre ; les foldats & les habitans deviendroient ennemis les uns des autres : c'eft un malheur attaché par-tout aux troupes réglées : ces régimens toujours fubfiftans en prendroient l'efprit, & jamais cet efprit n'eft favorable à la liberté. La République Romaine fut détruite par fes légions, quand l'éloignement de fes conquêtes la força d'en avoir toujours fur pied. Encore une fois les Polonois ne doivent point jeter les yeux autour d'eux pour imiter ce qui s'y fait même de bien. Ce bien relatif à des

M

constitutions toutes différentes seroit un mal dans la leur. Ils doivent rechercher uniquement ce qui leur est convenable, & non pas ce que d'autres font.

Pourquoi donc, au lieu des troupes réglées cent fois plus onéreuses qu'utiles à tout peuple qui n'a pas l'esprit de conquêtes, n'établiroit-on pas en Pologne une véritable milice exactement comme elle est établie en Suisse où tout habitant est soldat, mais seulement quand il faut l'être. La servitude établie en Pologne ne permet pas, je l'avoue, qu'on arme si-tôt les paysans : les armes dans des mains serviles seront toujours plus dangereuses qu'utiles à l'Etat ; mais en attendant que l'heureux moment de les affranchir soit venu, la Pologne fourmille de villes, & leurs habitans enrégimentés pourroient fournir au besoin des troupes nombreuses dont, hors le tems de ce même besoin, l'entretien ne coûteroit rien à l'Etat. La plupart de ces habitans n'ayant point de terres paieroient ainsi leur contingent en service, & ce service pourroit aisément être distribué de maniere à ne leur être point onéreux, quoiqu'ils fussent suffisamment exercés.

En Suisse, tout particulier qui se marie est obligé d'être fourni d'un uniforme qui devient son habit de fête, d'un fusil de calibre & de tout l'équipage d'un fantassin, & il est inscrit dans la compagnie de son quartier. Durant l'été, les dimanches & les jours de fêtes, on exerce ces milices selon l'ordre de leurs rôles, d'abord par petites escouades, ensuite par compagnies, puis par régimens; jusqu'à ce que leur tour étant venu, ils se rassemblent en campagne & forment successivement de petits camps dans lesquels on les exerce à toutes les manœuvres qui conviennent à l'infanterie. Tant qu'ils ne sortent pas du lieu de leur demeure, peu ou point détournés de leurs travaux, ils n'ont aucune paie, mais si-tôt qu'ils marchent en campagne, ils ont le pain de munition & sont à la solde de l'Etat, & il n'est permis à personne d'envoyer un autre homme à sa place, afin que chacun soit exercé lui-même & que tous fassent le service. Dans un Etat tel que la Pologne, on peut tirer de ses vastes provinces de quoi remplacer aisément l'armée de la Couronne par un nombre suffisant de milice toujours sur pied, mais qui changeant au

moins tous les ans, & prise par petits détachemens sur tous les Corps, seroit peu
onéreuse aux particuliers dont le tour viendroit à peine de douze à quinze ans une fois.
De cette maniere toute la nation seroit
exercée, on auroit une belle & nombreuse
armée toujours prête au besoin, & qui coûteroit beaucoup moins, sur-tout en tems de
paix, que ne coûte aujourd'hui l'armée de
la Couronne.

Mais pour bien réussir dans cette opération,
il faudroit commencer par changer sur ce
point l'opinion publique sur un Etat qui
change en effet du tout au tout, & faire
qu'on ne regardât plus en Pologne un soldat
comme un bandit qui pour vivre se vend à
cinq sols par jour, mais comme un citoyen qui sert la patrie & qui est à son devoir.
Il faut remettre cet Etat dans le même honneur où il étoit jadis, & où il est encore en
Suisse & à Geneve, où les meilleurs bourgeois sont aussi fiers à leur Corps & sous les
armes qu'à l'Hôtel-de-ville & au Conseil
Souverain. Pour cela il importe que dans le
choix des officiers on n'ait aucun égard au
rang, au crédit & à la fortune, mais uni-

quement à l'expérience & aux talens. Rien
n'eft plus aifé que de jeter fur le bon maniement des armes un point d'honneur qui fait
que chacun s'exerce avec zele pour le fervice
de la patrie aux yeux de fa famille & des
fiens ; zele qui ne peut s'allumer de même
chez de la canaille enrôlée au hafard , &
qui ne fent que la peine de s'exercer. J'ai
vu le tems qu'à Geneve les bourgeois ma-
nœuvroient beaucoup mieux que des troupes
réglées ; mais les magiftrats trouvant que
cela jetoit dans la bourgeoifie un efprit militaire qui n'alloit pas à leurs vues , ont pris
peine à étouffer cette émulation , & n'ont que
trop bien réuffi.

Dans l'exécution de ce projet on pourroit
fans aucun danger , rendre au Roi l'autorité
militaire naturellement attachée à fa place ;
car il n'eft pas concevable que la nation
puiffe être employée à s'opprimer elle-même,
du moins quand tous ceux qui la compofent
auront part à la liberté. Ce n'eft jamais
qu'avec des troupes réglées & toujours fub-
fiftantes que la puiffance exécutive peut affer-
vir l'Etat. Les grandes armées Romaines furent fans abus tant qu'elles changerent à

chaque Conful, & jufqu'à Marius il ne vint pas même à l'efprit d'aucun d'eux qu'ils en puffent tirer aucun moyen d'afiervir la République. Ce ne fut que quand le grand éloignement des conquêtes força les Romains de tenir long-tems fur pied les mêmes armées, de les recruter de gens fans aveu, & d'en perpétuer le commandement à des Proconfuls, que ceux-ci commencerent à fentir leur indépendance & à vouloir s'en fervir pour établir leur pouvoir. Les armées de Sylla, de Pompée & de Céfar devinrent de véritables troupes réglées qui fubftituerent l'efprit du Gouvernement militaire à celui du républicain ; & cela eft fi vrai que les foldats de Céfar fe tinrent très-offenfés, quand dans un mécontentement réciproque il les traita de citoyens, *Quirites*. Dans le plan que j'imagine & que j'acheverai bientôt de tracer, toute la Pologne deviendra guerriere autant pour la défenfe de fa liberté contre les entreprifes du Prince, que contre celles de fes voifins, & j'oferai dire que ce projet une fois bien exécuté, l'on pourroit fupprimer la charge de grand-Général & la réunir à la Couronne fans qu'il en réfultât le moindre danger pour la liberté , à moins que la nation ne se laissât leurrer par des projets de conquêtes , auquel cas je ne répondrois plus de rien. Quiconque veut ôter aux autres leur liberté finit presque toujours par perdre la sienne : cela est vrai même pour les Rois & bien plus vrai sur-tout pour les peuples.

Pourquoi l'ordre Equestre en qui réside véritablement la République ne suivroit-il pas lui-même un plan pareil à celui que je propose pour l'infanterie ? Etablissez dans tous les Palatinats des Corps de cavalerie où toute la noblesse soit inscrite, & qui ait ses officiers, son Etat-major, ses étendards, ses quartiers assignés en cas d'alarmes, ses tems marqués pour s'y rassembler tous les ans : que cette brave noblesse s'exerce à escadronner , à faire toutes sortes de mouvemens, d'évolutions , à mettre de l'ordre & de la précision dans ses manœuvres , à connoître la subordination militaire. Je ne voudrois point qu'elle imitât servilement la tactique des autres nations. Je voudrois qu'elle s'en fît une qui lui fût propre , qui développât & perfectionnât ses dispositions naturelles & nationales , qu'elle s'exerçât sur-tout à la vîtesse

& à la légéreté ; à se rompre , s'éparpiller &
se rassembler sans peine & sans confusion ,
qu'elle excellât dans ce qu'on appelle la petite
guerre , dans toutes les manœuvres qui conviennent à des troupes légeres , dans l'art
d'inonder un pays comme un torrent, d'atteindre par-tout & de n'être jamais atteinte ,
d'agir toujours de concert quoique séparée ,
de couper les communications, d'intercepter
des convois , de charger des arriere-gardes,
d'enlever des gardes avancées, de surprendre
des détachemens , de harceler de grands
Corps qui marchent & campent réunis ;
qu'elle prît la maniere des anciens Parthes
comme elle en a la valeur , & qu'elle apprît
comme eux à vaincre & détruire les armées
les mieux disciplinées , sans jamais livrer de
bataille & sans leur laisser le moment de res-
pirer ; en un mot, ayez de l'infanterie, puisqu'il en faut , mais ne comptez que sur votre
cavalerie, & n'oubliez rien pour inventer un
système qui mette tout le sort de la guerre
entre ses mains.

C'est un mauvais conseil pour un peuple
libre que celui d'avoir des places fortes ; elles
ne conviennent point au génie Polonois , &

par-tout elles deviennent tôt ou tard des nids à tyrans. Les places que vous croirez fortifier contre les Ruſſes, vous les fortifierez infailliblement pour eux , & elles deviendront pour vous des entraves dont vous ne vous délivrerez plus. Négligez même les avantages des poſtes, & ne vous ruinez pas en arti'lerie : ce n'eſt pas tout cela qu'il vous faut. Une invaſion bruſque eſt un grand malheur ſans doute, mais des chaînes permanentes en ſont un beaucoup plus grand. Vous ne ferez jamais en ſorte qu'il ſoit difficile à vos voiſins d'entrer chez vous ; mais vous pouvez faire en ſorte qu'il leur ſoit difficile d'en ſortir impunément, & c'eſt à quoi vous devez mettre tous vos ſoins. Antoine & Craſſus entrerent aiſément , mais pour leur malheur, chez les Parthes. Un pays auſſi vaſte que le vôtre offre toujours à ſes habitans des refuges & de grandes reſſources pour échaper à ſes agreſſeurs. Tout l'art humain ne ſauroit empêcher l'action bruſque du fort contre le foible ; mais il peut ſe ménager des reſſorts pour la réaction , & quand l'expérience apprendra que la ſortie de chez vous eſt ſi difficile, on deviendra

moins preffé d'y entrer. Laiffez donc votre
pays tout ouvert comme Sparte ; mais bâtif-
fez-vous comme elle de bonnes citadelles
dans les cœurs des citoyens , & comme Thé-
miftocle emmenoit Athenes fur fa flotte ,
emportez au befoin vos villes fur vos chevaux. L'efprit d'imitation produit peu de
bonnes chofes & ne produit jamais rien de
grand. Chaque pays a des avantages qui lui
font propres , & que l'inflitution doit étendre
& favorifer. Ménagez , cultivez ceux de la
Pologne , elle aura peu d'autres nations à
envier.

Une feule chofe fuffit pour la rendre impoffible à fubjuguer ; l'amour de la patrie &
de la liberté animé par les vertus qui en font
inféparables. Vous venez d'en donner un
exemple mémorable à jamais. Tant que cet
amour brûlera dans les cœurs, il ne vous
garantira pas peut-être d'un joug paffager ;
mais tôt ou tard il fera fon explofion, fe-
couera le joug & vous rendra libres. Travaillez donc fans relâche , fans ceffe à porter
le patriotifme au plus haut degré dans tous
les cœurs Polonois. J'ai ci-devant indiqué
quelques-uns des moyens propres à cet effet ;

il me reste à développer ici celui que je crois être le plus fort, le plus puissant & même infaillible dans son succès, s'il est bien exécuté. C'est de faire en sorte que tous les citoyens se sentent incessamment sous les yeux du public ; que nul n'avance & ne parvienne que par la faveur publique ; qu'aucun poste, aucun emploi ne soit rempli que par le vœu de la nation ; & qu'enfin depuis le dernier noble, depuis même le dernier manant jusqu'au Roi, s'il est possible, tous dépendent tellement de l'estime publique qu'on ne puisse rien faire, rien acquérir, parvenir à rien sans elle. De l'effervescence excitée par cette commune émulation, naîtra cette ivresse patriotique qui seule fait élever les hommes au-dessus d'eux-mêmes, & sans laquelle la liberté n'est qu'un vain nom & la législation qu'une chimere.

Dans l'ordre Equestre, ce systême est facile à établir, si l'on a soin d'y suivre par-tout une marche graduelle, & de n'admettre personne aux honneurs & dignités de l'Etat, qu'il n'ait préalablement passé par les grades inférieurs, lesquels serviront d'entrée & d'épreuve pour arriver à une grande élévation.

Puisque l'égalité parmi la nobleſſe eſt une loi fondamentale de la Pologne , la carriere des affaires publiques y doit toujours commencer par les emplois ſubalternes ; c'eſt l'eſprit de la conſtitution. Ils doivent être ouverts à tout citoyen que ſon zele porte à s'y préſenter , & qui croit ſe ſentir en état de les remplir avec ſuccès : mais ils doivent être le premier pas indiſpenſable à quiconque, grand ou petit , veut avancer dans cette carriere. Chacun eſt libre de ne s'y pas préſenter ; mais ſitôt que quelqu'un y entre , il faut , à moins d'une retraite volontaire , qu'il avance ou qu'il ſoit rebuté avec improbation. Il faut que dans toute ſa conduite , vu & jugé par ſes concitoyens, il ſache que tous ſes pas ſont ſuivis, que toutes ſes actions ſont peſées , & qu'on tient du bien & du mal un compte fidelle dont l'influence s'étendra ſur tout le reſte de ſa vie.

CHAP. XIII.

CHAPITRE XIII.

Projet pour assujettir à une marche graduelle tous les membres du Gouvernement.

Voici pour graduer cette marche, un projet que j'ai tâché d'adapter aussi bien qu'il étoit possible à la forme du Gouvernement établi, réformé seulement quant à la nomination des Sénateurs, de la maniere & par les raisons ci-devant déduites.

Tous les membres actifs de la République, j'entends ceux qui auront part à l'administration, seront partagés en trois classes marquées par autant de signes distinctifs que ceux qui composeront ces classes porteront sur leurs personnes. Les ordres de chevalerie, qui jadis étoient des preuves de vertu, ne font maintenant que des signes de la faveur des Rois. Les rubans & bijoux qui en font la marque ont un air de colifichet & de parure féminine qu'il faut éviter dans notre institution. Je voudrois que les marques des trois ordres que je propose, fuſſent des plaques de divers métaux, dont le prix matériel feroit en raiſon inverſe du grade de ceux qui les porteroient.

Le premier pas dans les affaires publiques fera précédé d'une épreuve pour la jeuneſſe dans les places d'avocats, d'aſſeſſeurs, de juges même dans les tribunaux ſubalternes, de régiſſeurs de quelque portion des deniers publics, & en général dans tous les poſtes inférieurs qui donnent à ceux qui les remp-pliſſent occaſion de montrer leur mérite, leur capacité, leur exactitude & ſur-tout leur intégrité. Cet état d'épreuve doit durer au moins trois ans, au bout deſquels, munis des certificats de leurs ſupérieurs & du témoignage de la voix publique, ils ſe préſenteront à la Diétine de leur province, où, après un examen ſévere de leur conduite, on honorera ceux qui en feront jugés dignes d'une plaque d'or portant leur nom, celui de leur Province, la date de leur réception, & au-deſſous cette inſcription en plus gros caractere : *ſpes Patriæ*. Ceux qui auront reçu cette plaque la porteront toujours attachée à leur bras droit ou fur leur cœur ; ils prendront le titre de *fervans d'Etat* , & jamais dans l'ordre Equeftre il n'y aura que des fervans d'Etat qui puiffent être élus Nonces à la Diete , Députés au tribunal, Commiffaires à la chambre des comptes, ni chargés d'aucune fonction publique qui appartienne à la fouveraineté.

Pour arriver au fecond grade , il fera néceffaire d'avoir été trois fois Nonce à la Diete , & d'avoir obtenu chaque fois aux Diétines de relation l'approbation de fes conftituans , & nul ne pourra être élu Nonce une feconde ou troifieme fois s'il n'eft muni de cet acte pour fa précédente nonciature. Le fervice au tribunal ou à Radom , en qualité de commiffaire ou de député , équivaudra à une nonciature , & il fuffira d'avoir fiégé trois fois dans ces affemblées indifféremment, mais toujours avec approbation , pour arriver de droit au fecond grade. En forte que fur les trois certificats préfentés à la Diete , le fervant d'Etat qui les aura obtenus fera honoré de la feconde plaque & du titre dont elle eft la marque.

Cette plaque fera d'argent , de même

forme & grandeur que la précédente, elle portera les mêmes inscriptions, excepté qu'au lieu des deux mots *spes Patriæ*, on y gravera ces deux ci, *Civis electus*. Ceux qui porteront ces plaques seront appellés *Citoyens de choix* ou simplement *Elus*, & ne pourront plus être simples Nonces, députés au tribunal, ni commissaires à la chambre : mais ils seront autant de candidats pour les places de Sénateurs. Nul ne pourra entrer au Sénat qu'il n'ait passé par ce second grade, qu'il n'en ait porté la marque, & tous les Sénateurs députés qui selon le projet en seront immédiatement tirés, continueront de la porter jusqu'à ce qu'ils parviennent au troisieme grade.

C'est parmi ceux qui auront atteint le second, que je voudrois choisir les principaux des colléges & inspecteurs de l'éducation des enfans. Ils pourroient être obligés de remplir un certain tems cet emploi avant que d'être admis au Sénat, & seroient tenus de présenter à la Diete l'approbation du collége des administrateurs de l'éducation : sans oublier que cette approbation, comme toutes les autres, doit toujours être visée par la voix publique qu'on a mille moyens de consulter.

L'élection des Sénateurs députés se fera dans la chambre des Nonces à chaque Diete ordinaire, en sorte qu'ils ne resteront que deux ans en place; mais ils pourront être continués ou élus derechef deux autres fois, pourvu que chaque fois en sortant de place, ils aient préalablement obtenu de la même chambre un acte d'approbation semblable à celui qu'il est nécessaire d'obtenir des Diétines pour être élu Nonce une seconde & troisieme fois : car sans un acte pareil obtenu à chaque gestion l'on ne parviendra plus à rien, & l'on n'aura pour n'être pas exclus du Gouvernement que la ressource de recommencer par les grades inférieurs, ce qui doit être permis pour ne pas ôter à un citoyen zélé, quelque faute qu'il puisse avoir commise, tout espoir de l'effacer & de parvenir. Au reste, on ne doit jamais charger aucun comité particulier d'expédier ou refuser ces certificats ou approbations, il faut toujours que ces jugemens soient portés par toute la chambre, ce qui se fera sans embarras ni perte de tems, si l'on suit pour le jugement des Sénateurs députés sortant de place, la même méthode des cartons que j'ai proposée pour leur élection.

On dira peut-être ici que tous ces actes d'approbation donnés d'abord par des Corps particuliers, ensuite par les Diétines & enfin par la Diete, seront moins accordés au mérite, à la justice & à la vérité, qu'extorqués par la brigue & le crédit. A cela je n'ai qu'une chose à répondre. J'ai cru parler à un peuple qui sans être exempt de vices, avoit encore du ressort & des vertus; & cela supposé, mon projet est bon. Mais si déja la Pologne en est à ce point que tout y soit vénal & corrompu jusqu'à la racine; c'est en vain qu'elle cherche à réformer ses loix & à conserver sa liberté, il faut qu'elle y renonce & qu'elle plie sa tête au joug. Mais revenons.

Tout Sénateur député qui l'aura été trois fois avec approbation, passera de droit au troisieme grade le plus élevé dans l'Etat, & la marque lui en sera conférée par le Roi sur la nomination de la Diete. Cette marque sera une plaque d'acier bleu semblable aux précédentes & portera cette inscription : *Custos legum.* Ceux qui l'auront reçue la porteront tout le reste de leur vie, à quelque poste éminent qu'ils parviennent, & même sur le Trône quand il leur arrivera d'y monter.

Les Palatins & grands Castellans ne pourront être tirés que du Corps des gardiens des loix, de la même maniere que ceux-ci l'ont été des citoyens élus, c'est à dire, par le choix de la Diete ; & comme ces Palatins occupent les postes les plus éminens de la République, & qu'ils les occupent à vie, afin que leur émulation ne s'endorme pas dans les places où ils ne voient plus que le Trône au-dessus d'eux, l'accès leur en sera ouvert, mais de maniere à n'y pouvoir arriver encore que par la voix publique & à force de vertu.

Remarquons avant que d'aller plus loin, que la carriere que je donne à parcourir aux citoyens, pour arriver graduellement à la tête de la République, paroît assez bien proportionnée aux mesures de la vie humaine, pour que ceux qui tiennent les rênes du Gouvernement, ayant passé la fougue de la jeunesse, puissent néanmoins être encore dans la vigueur de l'âge, & qu'après quinze ou vingt ans d'épreuve continuellement sous les yeux du public, il leur reste encore un assez grand nombre d'années à faire jouir la patrie de leurs talens, de leur expérience & de leurs vertus, & à jouir eux-mêmes dans les premieres places de l'Etat du respect & des honneurs qu'ils auront si bien mérités. En suppotant qu'un homme commence à vingt ans d'entrer dans les affaires, il est possible qu'à trente-cinq il soit déja Palatin; mais comme il est bien difficile & qu'il n'est pas même à propos que cette marche graduelle se fasse si rapidement, on n'arrivera gueres à ce poste éminent, avant la quarantaine, & c'est l'âge à mon avis le plus convenable pour réunir toutes les qualités qu'on doit rechercher dans un homme d'Etat. Ajoutons ici que cette marche paroît appropriée autant qu'il est possible aux besoins du Gouvernement. Dans le calcul des probabilités, j'estime qu'on aura tous les deux ans au moins cinquante nouveaux citoyens élus & vingt gardiens des loix : nombres plus que suffisans pour recruter les deux parties du Sénat auxquelles menent respectivement ces deux grades. Car on voit aisément que quoique le premier rang du Sénat foit le plus nombreux, étant à vie il aura moins fouvent des places à remplir que le fecond qui, dans mon projet, fe renouvelle à chaque Diete ordinaire.

On a déja vu & l'on verra bientôt encore que je ne laiffe pas oififs les *élus* furnuméraires en attendant qu'ils entrent au Sénat comme Députés ; pour ne pas laiffer oififs non plus les gardiens des loix, en attendant qu'ils y rentrent comme Palatins ou Caftellans, c'eft de leur Corps que je formerois le collége des adminiftrateurs de l'éducation dont j'ai parlé ci-devant. On pourroit donner pour Préfident à ce collége le Primat ou un autre Evêque, en ftatuant au furplus qu'aucun autre eccléfiaftique, fût-il Evêque & Sénateur, ne pourroit y être admis.

Voilà, ce me femble, une marche affez bien graduée pour la partie effentielle & intermédiaire du tout, favoir la nobleffe & les magiftrats ; mais il nous manque encore les deux extrêmes, favoir le peuple & le Roi. Commençons par le premier jufqu'ici compté pour rien, mais qu'il importe enfin de compter pour quelque chofe, fi l'on veut

donner une certaine force, une certaine con-
fiftance à la Pologne. Rien de plus délicat
que l'opération dont il s'agit ; car enfin,
bien que chacun fente quel grand mal c'eft
pour la République que la nation foit en
quelque façon renfermée dans l'ordre Equeftre, & que tout le refte payfans & bourgeois
foit nul, tant dans le Gouvernement que
dans la légiflation, telle eft l'antique conftitution. Il ne feroit en ce moment ni prudent
ni poffible de la changer tout d'un coup ;
mais il peut l'être d'amener par degrés ce
changement, de faire fans révolution fenfible, que la partie la plus nombreufe de
la nation s'attache d'affection à la patrie &
même au Gouvernement. Cela s'obtiendra
par deux moyens ; le premier, une exacte
obfervation de la juftice, en forte que le
ferf & le roturier n'ayant jamais à craindre
d'être injuftement vexés par le noble, fe
guériffent de l'averfion qu'ils doivent naturellement avoir pour lui. Ceci demande une
grande réforme dans les tribunaux & un foin
particulier pour la formation du Corps des
avocats.

Le fecond moyen, fans lequel le premier
n'eft rien, eft d'ouvrir une porte aux ferfs

pour acquérir la liberté, & aux bourgeois pour acquérir la noblesse. Quand la chose dans le fait ne seroit pas praticable, il faudroit au moins qu'on la vît telle en possibilité; mais on peut faire plus, ce me semble, & cela sans courir aucun risque. Voici, par exemple, un moyen qui me paroît mener de cette maniere au but proposé.

Tous les deux ans, dans l'intervalle d'une Diete à l'autre, on choisiroit dans chaque province un tems & un lieu convenables, ou les *Elus* de la même province, qui ne seroient pas encore Sénateurs députés, s'assemble-roient, sous la présidence d'un *Custos legum* qui ne seroit pas encore Sénateur à vie, dans un comité censorial ou de bienfaisance, au-quel on inviteroit, non tous les Curés, mais seulement ceux qu'on jugeroit les plus dignes de cet honneur. Je crois même que cette préférence, formant un jugement tacite aux yeux du peuple, pourroit jetter aussi quelque émulation parmi les Curés de vil-lage, & en garantir un grand nombre des mœurs crapuleuses auxquelles ils ne sont que trop sujets.

Dans cette assemblée, où l'on pourroit encore appeler des ieillards & notables de tous les états, on s'occuperoit à l'examen des projets d'établissemens utiles pour la province, on entendroit les rapports des Curés sur l'état de leurs paroisses & des paroisses voisines, celui des notables sur l'état de la culture, sur celui des familles de leur canton, on vérifieroit soigneusement ces rapports; chaque membre du comité y ajouteroit ses propres observations, & l'on tiendroit de tout cela un fidele registre dont on tireroit des mémoires succincts pour les Diétines.

On examineroit en détail les besoins des familles surchargées, des infirmes, des veuves, des orphelins, & l'on y pourvoiroit proportionnellement sur un fonds formé par les contributions gratuites des aisés de la province. Ces contributions seroient d'autant moins onéreuses, qu'elles deviendroient le seul tribut de charité, attendu qu'on ne doit souffrir dans toute la Pologne ni mendians ni hôpitaux. Les Prêtres sans doute crieroient beaucoup pour la conservation des hôpitaux, & ces cris ne font qu'une raison de plus pour les détruire.

Dans ce même comité, qui ne s'occuperoit

peroit jamais de punitions ni de répriman-
des, mais feulement de bienfaits, de louan-
ges & d'encouragemens, on feroit fur de
bonnes informations des liftes exactes des
particuliers de tous états, dont la conduite
feroit digne d'honneur & de récompenfe (*).
Ces liftes feroient envoyées au Sénat & au
Roi pour y avoir égard dans l'occafion, &
placer toujours bien leurs choix & leurs pré-
férences, & c'eft fur les indications des

(*) Il faut dans ces eftimations avoir beaucoup plus d'égards aux perfonnes qu'à quelques
actions ifolées. Le vrai bien fe fait avec peu
d'éclat. C'eft par une conduite uniforme & fou-
tenue, par des vertus privées & domeftiques,
par tous les devoirs de fon état bien remplis,
par des actions enfin qui découlent de fon caractere & de fes principes qu'un homme peut mériter des honneurs, plutôt que par quelques
grands coups de théatre qui trouvent déja leur
récompenfe dans l'admiration publique. L'often-
tation philofophique aime beaucoup les actions
d'éclat; mais tel, avec cinq ou fix actions
de cette efpece bien brillantes, bien bruyan-
tes & bien prônées, n'a pour but que de donner le change fur fon compte & d'être toute fa
vie injufte & dur impunément. *Donnez-nous la
monnoie des grandes actions.* Ce mot de femme
eft un mot très-judicieux.

O

mêmes assemblées que seroient données dans les colléges, par les Administrateurs de l'éducation les places gratuites dont j'ai parlé ci-devant.

Mais la principale & plus importante occupation de ce comité seroit de dresser sur de fideles mémoires & sur le rapport de la voix publique bien vérifié, un rôle des paysans qui se distingueroient par une bonne conduite, une bonne culture, de bonnes mœurs, par le soin de leur famille, par tous les devoirs de leur état bien remplis. Ce rôle seroit ensuite présenté à la Diétine qui y choisiroit un nombre fixé par la loi pour être affranchi, & qui pourvoiroit par des moyens convenus au dédommagement des patrons, en les faisant jouir d'exemptions, de prérogatives, d'avantages enfin proportionnés au nombre de leurs paysans qui auroient été trouvés dignes de la liberté. Car il faudroit absolument faire en sorte qu'au lieu d'être onéreux au maître, l'affranchissement du serf lui devînt honorable & avantageux. Bien entendu que pour éviter l'abus ces affranchissemens ne se feroient point par les maîtres, mais dans les Diétines par jugement & feulement jufqu'au nombre fixé par la loi.

Quand on auroit affranchi fucceffivement un certain nombre de familles dans un canton, l'on pourroit affranchir des villages entiers, y former peu-à-peu des communes, leur affigner quelques biens fonds, quelques terres communales comme en Suiffe, y établir des officiers communaux; & lorfqu'on auroit amené par degrés les chofes jufqu'à pouvoir fans révolution fenfible achever l'opération en grand, leur rendre enfin le droit que leur donna la nature de participer à l'adminiftration de leur pays en envoyant des Députés aux Diétines.

Tout cela fait, on armeroit tous ces payfans devenus hommes libres & citoyens, on les enrégimenteroit, on les exerceroit, & l'on finiroit par avoir une milice vraiment excellente, plus que fuffifante pour la défenfe de l'Etat.

On pourroit fuivre une méthode femblable pour l'annobliffement d'un certain nombre de bourgeois, & même fans les annoblir leur deftiner certains poftes brillans qu'ils rempliroient feuls à l'exclufion des nobles,

& cela à l'imitation des Vénitiens si jaloux de leur noblesse, qui néanmoins, outre d'autres emplois subalternes, donnent toujours à un Citadin la seconde place de l'Etat, savoir celle de grand Chancelier, sans qu'aucun Patricien puisse jamais y prétendre. De cette maniere, ouvrant à la bourgeoisie la porte de la noblesse & des honneurs, on l'attacheroit d'affection à la patrie & au maintien de la constitution. On pourroit encore, sans annoblir les individus, annoblir collectivement certaines villes, en préférant celles où fleuriroient davantage le commerce, l'industrie & les arts, & où par conséquent l'administration municipale seroit la meilleure. Ces villes annoblies pourroient, à l'instar des villes impériales, envoyer des Nonces à la Diete, & leur exemple ne manqueroit pas d'exciter dans toutes les autres un vif desir d'obtenir le même honneur.

Les comités censoriaux chargés de ce département de bienfaisance, qui jamais à la honte des Rois & des Peuples n'a encore existé nulle part, seroient quoique sans élection, composés de la maniere la plus propre à remplir leurs fonctions avec zele & intégrité, attendu que leurs membres afpirans aux places Sénatoriales où menent leurs grades refpectifs, porteroient une grande attention à mériter par l'approbation publique les fuffrages de la Diete ; & ce feroit une occupation fuffifante pour tenir ces afpirans en haleine & fous les yeux du public, dans les intervalles qui pourroient féparer leurs élections fucceffives. Remarquez que cela fe feroit cependant fans les tirer pour ces intervalles de l'Etat de fimples citoyens gradués, puifque cette efpece de tribunal, fi utile & fi refpectable, n'ayant jamais que du bien à faire, ne feroit revêtu d'aucune puiffance coactive : ainfi je ne multiplie point ici les magiftratures, mais je me fers, chemin faifant, du paffage de l'une à l'autre pour tirer parti de ceux qui les doivent remplir.

Sur ce plan, gradué dans fon exécution par une marche fucceffive qu'on pourroit précipiter, ralentir, ou même arrêter felon fon bon ou mauvais fuccès, on n'avanceroit qu'à volonté, guidé par l'expérience, on allumeroit dans tous les états inférieurs un zele ardent pour contribuer au bien public, on parviendroit enfin à vivifier toutes les parties de la Pologne , & à les lier de manière à ne faire plus qu'un même corps dont la vigueur & les forces feroient au moins décuplées de ce qu'elles peuvent être aujourd'hui, & cela avec l'avantage ineftimable d'avoir évité tout changement vif & brufque, & le danger des révolutions.

Vous avez une belle occafion de commencer cette opération d'une maniere éclatante & noble, qui doit faire le plus grand effet. Il n'eft pas poffible que dans les malheurs que vient d'effuyer la Pologne, les confédérés n'aient reçu des affiftances & des marques d'attachement de quelques bourgeois & même de quelques payfans. Imitez la magnanimité des Romains , fi foigneux , après les grandes calamités de leur République, de combler de témoignages de leur gratitude les étrangers, les fujets, les efclaves, & même jufqu'aux animaux, qui durant leurs difgraces leur avoient rendu quelques fervices fignalés. O le beau début à mon gré que de donner folemnellement la nobleffe à ces bourgeois, & la fanchife à ces payfans, & cela avec toute la pompe & tout l'appareil qui peuvent rendre cette cérémonie augufte, touchante & mémorable ! Et ne vous en tenez pas à ce début. Ces hommes ainsi distingués doivent demeurer toujours les enfans de choix de la patrie. Il faut veiller sur eux, les protéger, les aider, les soutenir, fussent-ils même de mauvais sujets. Il faut à tout prix les faire prospérer toute leur vie, afin que par cet exemple mis sous les yeux du public, la Pologne montre à l'Europe entiere ce que doit attendre d'elle dans ses succès quiconque osa l'assister dans sa détresse.

Voilà quelque idée grossiere & seulement par forme d'exemple de la maniere dont on peut procéder, pour que chacun voie devant lui la route libre pour arriver à tout, que tout tende graduellement en bien servant la patrie aux rangs les plus honorables, & que la vertu puisse ouvrir toutes les portes que la fortune se plaît à fermer.

Mais tout n'est pas fait encore, & la partie de ce projet qui me reste à exposer, est sans contredit la plus embarrassante & la plus difficile; elle offre à surmonter des obstacles contre lesquels la prudence & l'expérience des politiques les plus consommés ont toujours échoué. Cependant il me semble qu'en supposant mon projet adopté, avec le moyen très-simple que j'ai à proposer, toutes les difficultés sont levées, tous les abus sont prévenus, & ce qui sembloit faire un nouvel obstacle se tourne en avantage dans l'exécution.

CHAPITRE XIV.

Election des Rois.

TOUTES ces difficultés se réduisent à celle de donner à l'Etat un chef dont le choix ne cause pas des troubles & qui n'attente pas à la liberté. Ce qui augmente la même difficulté est que ce chef doit être doué des grandes qualités nécessaires à quiconque ose gouverner des hommes libres. L'hérédité de la Couronne prévient les troubles, mais elle amene la servitude; l'élection maintient la liberté, mais à chaque regne elle ébranle l'Etat. Cette alternative est fâcheuse, mais avant de parler des moyens de l'éviter, qu'on me permette un moment de réflexion sur la maniere dont les Polonois disposent ordinairement de leur Couronne.

D'abord je demande; pourquoi faut-il qu'ils se donnent des Rois étrangers? Par quel singulier aveuglement ont-ils pris ainsi le moyen le plus sûr d'asservir leur nation, d'abolir leurs usages, de se rendre le jouet des autres Cours , & d'augmenter à plaisir l'orage des interregnes ? Quelle injustice envers eux-mêmes , quel affront fait à leur patrie, comme si , désespérant de trouver dans son sein un homme digne de les commander , ils étoient forcés de l'aller chercher au loin ! Comment n'ont-ils pas senti, comment n'ont-ils pas vu que c'étoit tout le contraire ? Ouvrez les annales de votre nation , vous ne la verrez jamais illustre & triomphante que sous des Rois Polonois ; vous la verrez presque toujours opprimée & avilie sous les étrangers. Que l'expérience vienne enfin à l'appui de la raison ; voyez quels maux vous vous faites & quels biens vous vous ôtez.

Car, je le demande encore, comment la nation Polonoise ayant tant fait que de rendre sa Couronne élective, n'a-t-elle point songé à tirer parti de cette loi pour jetter parmi les membres de l'administration une émulation de zele & de gloire , qui seule eût plus fait pour le bien de la patrie que toutes les autres loix ensemble ? Quel ressort puissant sur des ames grandes & ambitieuses que cette Couronne destinée au plus digne &

mife en perfpective devant les yeux de tout citoyen qui faura mériter l'eftime publique ! Que de vertus, que de nobles efforts l'efpoir d'en acquérir le plus haut prix ne doit-il pas exciter dans la nation, quel ferment de patriotifme dans tous les cœurs, quand on fauroit bien que ce n'eft que par-là qu'on peut obtenir cette place devenue l'objet fecret des vœux de tous les particuliers, fitôt qu'à force de mérite & de fervices il dépendra d'eux de s'en approcher toujours davantage, & fi la fortune les feconde, d'y parvenir enfin tout-à-fait ! Cherchons le meilleur moyen de mettre en jeu ce grand reffort fi puiffant dans la République, & fi négligé jufqu'ici. L'on me dira qu'il ne fuffit pas de ne donner la Couronne qu'à des Polonois pour lever les difficultés dont il s'agit : c'eft ce que nous verrons tout-à-l'heure après que j'aurai propofé mon expédient ; cet expédient eft fimple, mais il paroîtra d'abord manquer le but que je viens de marquer moi-même, quand j'aurai dit qu'il confifte à faire entrer le fort dans l'élection des Rois. Je demande en grace qu'on me laiffe le tems de m'expliquer, ou feulement qu'on me relife **avec** attention.

Car fi l'on dit ; comment s'affurer qu'un Roi tiré au fort ait les qualités requifes pour remplir dignement fa place , on fait une ob- jection que j'ai déja réfolue ; puifqu'il fuffit pour cet effet que le Roi ne puiffe être tiré que des Sénateurs à vie ; car puifqu'ils feront tirés eux-mêmes de l'ordre des *Gardiens des loix* , & qu'ils auront paffé avec honneur par tous les grades de la République, l'épreuve de toute leur vie & l'approbation publique dans tous les poftes qu'ils auront remplis , feront des garans fuffifans du mérite & des vertus de chacun d'eux.

Je n'entends pas néanmoins que même entre les Sénateurs à vie le fort décide feul de la préférence. Ce feroit toujours manquer en partie le grand but qu'on doit fe propo- fer. Il faut que le fort faffe quelque chofe , & que le choix faffe beaucoup, afin d'un côté d'amortir les brigues & les menées des puiffances étrangeres & d'engager de l'autre ous les Palatins par un fi grand intérêt à ne point fe relâcher dans leur conduite, mais

à

à continuer de fervir la patrie avec zele pour mériter la préférence fur leurs concurrens.

J'avoue que la claffe de ces concurrens me paroît bien nombreufe fi l'on y fait entrer les grands Caftellans prefque égaux en rangs aux Palatins par la conftitution préfente ; mais je ne vois pas quel inconvénient il y auroit à donner aux feuls Palatins l'accès immédiat au Trône. Cela feroit dans le même ordre un nouveau grade que les grands Caftellans auroient encore à paffer pour devenir Palatins , & par conféquent un moyen de plus pour tenir le Sénat dépendant du légiflateur. On a déja vu que ces grands Caftellans me paroiffent fuperflus dans la conftitution. Que néanmoins pour éviter tout grand changement on leur laiffe leur place & leur rang au Sénat, je l'approuve. Mais dans la graduation que je propofe , rien n'oblige de les mettre au niveau des Palatins , & comme rien n'en empêche non plus , on pourra fans inconvénient fe décider pour le parti qu'on jugera le meilleur. Je fuppofe ici que ce parti préféré fera d'ouvrir aux feuls Palatins l'accès immédiat au Trône.

Auffi-tôt donc après la mort du Roi , c'eft-à-dire, dans le moindre intervalle qu'il sera possible & qui sera fixé par la loi, la Diete d'élection sera fo'emnellement convoquée; les noms de tous les Palatins seront mis en concurrence, & il en sera tiré trois au sort avec toutes les précautions possibles, pour qu'aucune fraude n'altere cette opération. Ces trois noms seront à haute voix déclarés à l'assemblée, qui, dans la même séance & à la pluralité des voix, choisira celui qu'elle préfere, & il sera proclamé Roi dès le même jour.

On trouvera dans cette forme d'élection un grand inconvénient, je l'avoue; c'est que la nation ne puisse choisir librement dans le nombre des Palatins celui qu'elle honore & chérit davantage, & qu'elle juge le plus digne de la royauté. Mais cet inconvénient n'est pas nouveau en Pologne où l'on a vu dans plusieurs élections, que sans égard pour ceux que la nation favorisoit, on l'a forcée de choisir celui qu'elle auroit rebuté : mais pour cet avantage qu'elle n'a plus & qu'elle sacrifie, combien d'autres plus importans elle gagne par cette forme d'élection ?

Premiérement l'action du sort amortit tout

d'un coup les factions & brigues des nations étrangeres qui ne peuvent influer fur cette élection, trop incertaines du fuccès pour y mettre beaucoup d'efforts, vu que la fraude même feroit infuffifante en faveur d'un fujet que la nation peut toujours rejetter. La grandeur feule de cet avantage eft telle qu'il affure le repos de la Pologne, étouffe la vénalité dans la République, & laiffe à l'élection prefque toute la tranquillité de l'hérédité.

Le même avantage a lieu contre les brigues mêmes des Candidats; car qui d'entre eux voudra fe mettre en frais pour s'affurer une préférence qui ne dépend point des hommes, & facrifier fa fortune à un événement qui tient à tant de chances contraires pour une favorable ? Ajoutons que ceux que le fort a favorifés ne font plus à tems d'acheter des électeurs, puifque l'élection doit fe faire dans la même féance.

Le choix libre de la nation entre trois Candidats la préferve des inconvéniens du fort qui, par fuppofition, tomberoit fur un fujet indigne : car dans cette fuppofition, la nation fe gardera de le choifir, & il n'eft pas poffible qu'entre trente-trois hommes illuftres, l'élite de la nation, où l'on ne comprend pas même comment il peut se trouver un seul sujet indigne, ceux que favorisera le sort le soient tous les trois

Ainsi, & cette observation est d'un grand poids : nous réunissons par cette forme tous les avantages de l'élection à ceux de l'hérédité.

Car premiérement la Couronne ne passant point du pere au fils, il n'y aura jamais continuité de système pour l'asservissement de la République. En second lieu le sort même dans cette forme est l'instrument d'une élection éclairée & volontaire. Dans le Corps respectable des Gardiens des loix & des Palatins qui en sont tirés, il ne peut faire un choix, quel qu'il puisse être, qui n'ait été déja fait par la nation.

Mais voyez quelle émulation cette perspective doit porter dans le Corps des Palatins & grands Castellans, qui dans des places à vie pourroient se relâcher par la certitude qu'on ne peut plus les leur ôter. Ils ne peuvent plus être contenus par la crainte ; mais l'espoir de remplir un Trône que chacun d'eux voit si près de lui est un nouvel aiguillon qui les tient sans cesse attentifs sur

eux-mêmes. Ils favent que le fort les favori-
feroit en vain s'ils font rejettés à l'élection,
& que le feul moyen d'être choifis eft de le
mériter. Cet avantage eft trop grand, trop
évident, pour qu'il foit néceffaire d'y infifter.

Suppofons un moment pour aller au pis
qu'on ne peut éviter la fraude dans l'opération du fort, & qu'un des concurrens vînt
à tromper la vigilance de tous les autres fi
intéreffés à cette opération. Cette fraude
feroit un malheur pour les Candidats exclus,
mais l'effet pour la République feroit le même
que fi la décifion du fort eût été fidelle : car
on n'en auroit pas moins l'avantage de l'é-
lection, on n'en préviendroit pas moins les
troubles des interregnes & les dangers de
l'hérédité ; le Candidat que fon ambition
féduiroit jufqu'à recourir à cette fraude n'en
feroit pas moins au furplus un homme de
mérite, capable au jugement de la nation de
porter la Couronne avec honneur ; & enfin,
même après cette fraude, il n'en dépendroit
pas moins pour en profiter du choix fubfé-
quent & formel de la République.

Par ce projet adopté dans toute fon étendue, tout eft lié dans l'Etat, & depuis le

dernier particulier jusqu'au premier Palatin, nul ne voit aucun moyen d'avancer que par la route du devoir & de l'approbation publique. Le Roi seul, une fois élu, ne voyant plus que les loix au-dessus de lui n'a nul autre frein qui le contienne, & n'ayant plus besoin de l'approbation publique, il peut s'en passer sans risque si ses projets le demandent. Je ne vois gueres à cela qu'un remede auquel même il ne faut pas songer. Ce seroit que la Couronne fût en quelque maniere amovible, & qu'au bout de certaines périodes les Rois eussent besoin d'être confirmés. Mais encore une fois cet expédient n'est pas proposable ; tenant le Trône & l'Etat dans une agitation continuelle, il ne laisseroit jamais l'administration dans une assiette assez solide pour pouvoir s'appliquer uniquement & utilement au bien public.

Il fut un usage antique qui n'a jamais été pratiqué que chez un seul peuple, mais dont il est étonnant que le succès n'en ait tenté aucun autre de l'imiter. Il est vrai qu'il n'est gueres propre qu'à un royaume électif, quoiqu'inventé & pratiqué dans un royaume héréditaire. Je parle du jugement des Rois d'Egypte après leur mort, & de l'arrêt par lequel la sépulture & les honneurs royaux leur étoient accordés ou refusés selon qu'ils avoient bien ou mal gouverné l'Etat durant leur vie. L'indifférence des modernes sur tous les objets moraux & sur tout ce qui peut donner du ressort aux ames, leur fera sans doute regarder l'idée de rétablir cet usage pour les Rois de Pologne comme une folie, & ce n'est pas à des François, sur-tout à des philosophes que je voudrois tenter de la faire adopter, mais je crois qu'on peut la proposer à des Polonois. J'ose même avancer que cet établissement auroit chez eux de grands avantages auxquels il est impossible de suppléer d'aucune autre maniere, & pas un seul inconvénient. Dans l'objet présent on voit qu'à moins d'une ame vile & insensible à l'honneur de sa mémoire, il n'est pas possible que l'intégrité d'un jugement inévitable n'en impose au Roi, & ne mette à ses passions un frein plus ou moins fort, je l'avoue, mais toujours capable de les contenir jusqu'à certain point ; sur - tout quand on y joindra l'intérêt de ses enfans dont le fort fera décidé par l'arrêt porté fur la mémoire du pere.

Je voudrois donc qu'après la mort de chaque Roi, fon corps fût dépofé dans un lieu fortable, jufqu'à ce qu'il eût été prononcé fur fa mémoire; que le tribunal qui doit en décider & décerner fa fépulture fut affemblé le plutôt qu'il feroit poffible, que fa vie & fon regne fuffent examinés févérement, & qu'après des informations dans lefquelles tout citoyen feroit admis à l'accufer & à le défendre, le procès bien inftruit fût fuivi d'un arrêt porté avec toute la folemnité poffible.

En conféquence de cet arrêt, s'il étoit favorable, le feu Roi feroit déclaré bon & jufte Prince, fon nom infcrit avec honneur dans la lifte des Rois de Pologne, fon corps mis avec pompe dans leur fépulture, l'épithete de glorieufe mémoire ajoutée à fon nom dans tous les actes & difcours publics, un douaire affigné à fa veuve, & fes enfans, déclarés Princes-royaux, feroient honorés leur vie durant de tous les avantages attachés à ce titre.

Que si, au contraire, il étoit trouvé coupable d'injustice, de violence, de malversation, & sur-tout d'avoir attenté à la liberté publique, sa mémoire seroit condamnée & flétrie, son corps privé de la sépulture royale, seroit enterré sans honneur comme celui d'un particulier, son nom effacé du registre public des Rois, & ses enfans, privés du titre de Princes-royaux & des prérogatives qui y sont attachées, rentreroient dans la classe des simples citoyens, sans aucune distinction honorable ni flétrissante.

Je voudrois que ce jugement se fît avec le plus grand appareil, mais qu'il précédât, s'il étoit possible, l'élection de son successeur, afin que le crédit de celui-ci ne pût influer sur la sentence dont il auroit pour lui-même intérêt d'adoucir la sévérité. Je sais qu'il seroit à desirer qu'on eût plus de tems pour dévoiler bien des vérités cachées & mieux instruire le procès. Mais si l'on tardoit après l'élection, j'aurois peur que cet acte important ne devînt bientôt qu'une vaine cérémonie, & comme il arriveroit infailliblement dans un royaume héréditaire, plutôt une oraison funebre du Roi défunt qu'un jugement juste

& févere fur fa conduite. Il vaut mieux en cette occafion donner davantage à la voix publique & perdre quelques lumieres de détail, pour conferver l'intégrité & l'auftérité d'un jugement qui fans cela deviendroit inutile.

A l'égard du tribunal qui prononceroit cette fentence, je voudrois que ce ne fût ni le Sénat, ni la Diete, ni aucun Corps revêtu de quelque autorité dans le Gouvernement, mais un ordre entier de citoyens qui ne peut être aifément n trompé ni corrompu. Il me paroit que les *Cives electi*, plus inftruits, plus expérimentés que les *fervans d'Etat*, & moins intérellés que les *gardiens des loix* déja trop voilins du Trône, feroient précifément le Corps intermédiaire où l'on trouveroit à la fois le plus de lumieres & d'intégrité, le plus propre à ne porter que des jugemens sûrs & par-là préférables aux deux autres en cette occafion. Si même il arrivoit que ce Corps ne fût pas affez nombreux pour un jugement de cette importance, j'aimerois mieux qu'on lui donnât des adjoints tirés des fervans d'Etat, que des gardiens des loix. Enfin, je voudrois que ce tribunal ne fût présidé par aucun homme en place, mais par un Maréchal tiré de son Corps, & qu'il éliroit lui-même comme ceux des Dietes & des confédérations : tant il faudroit éviter qu'aucun intérêt particulier n'influât dans cet acte, qui peut devenir très-auguste ou très-ridicule selon la maniere dont il y sera procédé.

En finissant cet article de l'élection & du jugement des Rois, je dois dire ici qu'une chose dans vos usages m'a paru bien choquante & bien contraire à l'esprit de votre constitution ; c'est de la voir presque renversée & anéantie à la mort du Roi, jusqu'à suspendre & fermer tous les tribunaux ; comme si cette constitution tenoit tellement à ce Prince, que la mort de l'un fût la destruction de l'autre. Eh, mon Dieu ! ce devroit être exactement le contraire. Le Roi mort, tout devroit aller comme s'il vivoit encore ; on devroit s'appercevoir à peine qu'il manque une piece à la machine, tant cette piece étoit peu essentielle à sa solidité. Heureusement cette inconséquence ne tient à rien. Il n'y a qu'à dire qu'elle n'existera plus,

& rien au furplus ne doit être changé : mais il ne faut pas laiffer fubfifter cette étrange contradiction ; car fi c'en eft une déja dans la préfente conftitution, c'en feroit une bien plus grande encore après la réforme.

CHAP. XV.

CHAPITRE XV.

Conclusion.

VOILA mon plan suffisamment esquissé. Je m'arrête. Quel que soit celui qu'on adoptera, l'on ne doit pas oublier ce que j'ai dit dans le Contrat Social de l'état de foiblesse & d'anarchie où se trouve une nation, tandis qu'elle établit ou réforme sa constitution. Dans ce moment de désordre & d'effervescence, elle est hors d'état de faire aucune résistance, & le moindre choc est capable de tout renverser. Il importe donc de se ménager à tout prix un intervalle de tranquillité, durant lequel on puisse sans risque agir sur soi-même & rajeunir sa constitution. Quoique les changemens à faire dans la vôtre ne soient pas fondamentaux & ne paroissent pas fort grands, ils sont suffisans pour exiger cette précaution, & il faut nécessairement un certain tems pour sentir l'effet de la meilleure réforme, & prendre la consistance qui doit en être le fruit. Ce n'est qu'en supposant que le succès réponde au courage des Confé-

Q

dérés & à la justice de leur cause, qu'on peut songer à l'entreprise dont il s'agit. Vous ne serez jamais libres tant qu'il restera un seul soldat Russe en Pologne, & vous serez toujours menacés de cesser de l'être tant que la Russie se mêlera de vos affaires. Mais si vous parvenez à la forcer de traiter avec vous comme de puissance à puissance, & non plus comme de protecteur à protégé, profitez alors de l'épuisement où l'aura jetté la guerre de Turquie, pour faire votre œuvre avant qu'elle puisse la troubler. Quoique je ne fasse aucun cas de la sûreté qu'on se procure au dehors par des traités, cette circonstance unique vous forcera peut-être de vous étayer, autant qu'il se peut, de cet appui, ne fût-ce que pour connoître la disposition présente de ceux qui traiteront avec vous. Mais ce cas excepté, & peut-être en d'autres tems quelques traités de commerce, ne vous fatiguez pas à de vaines négociations, ne vous ruinez pas en Ambassadeurs & Ministres dans d'autres Cours, & ne comptez pas les alliances & traités pour quelque chose. Tout cela ne sert de rien avec les puissances chrétiennes : elles ne connoissent d'autres liens que ceux de leur intérêt ; quand elles le trouveront à remplir leurs engagemens, elles les rempliront, quand elles le trouveront à les rompre, elles les rompront; autant vaudroit n'en point prendre. Encore si cet intérêt étoit toujours vrai, la connoissance de ce qu'il leur convient de faire pourroit faire prévoir ce qu'elles feront. Mais ce n'est presque jamais la raison d'Etat qui les guide, c'est l'intérêt momentané d'un Ministre, d'une fille, d'un favori; c'est le motif qu'aucune sagesse humaine n'a pu prévoir, qui les détermine tantôt pour tantôt contre leurs vrais intérêts. De quoi peut-on s'assurer avec des gens qui n'ont aucun système fixe, & qui ne se conduisent que par des impulsions fortuites? Rien n'est plus frivole que la science politique des Cours: comme elle n'a nul principe assuré, l'on n'en peut tirer aucune conséquence certaine, & toute cette belle doctrine des intérêts des Princes est un jeu d'enfans qui fait rire les hommes sensés.

Ne vous appuyez donc avec confiance ni sur vos alliés, ni sur vos voisins; vous n'en avez qu'un sur lequel vous puissiez un peu compter. C'est le Grand-Seigneur, & vous ne devez rien épargner pour vous en faire un appui : non que ses maximes d'État soient beaucoup plus certaines que celles des autres puissances. Tout y dépend également d'un Visir, d'une Favorite, d'une intrigue de serrail ; mais l'intérêt de la Porte est clair, simple, il s'agit de tout pour elle, & généralement il y regne avec bien moins de lumieres & de finesse, plus de droiture & de bon sens. On a du moins avec elle cet avantage de plus qu'avec les puissances chrétiennes, qu'elle aime à remplir ses engagemens & respecte ordinairement les traités. Il faut tâcher d'en faire avec elle un pour vingt ans, aussi fort, aussi clair qu'il sera possible. Ce traité, tant qu'une autre puissance cachera ses projets, sera le meilleur peut-être, le seul garant que vous puissiez avoir, & dans l'état où la présente guerre laissera vraisemblablement la Russie, j'estime qu'il peut vous suffire pour entreprendre avec sûreté votre ouvrage ; d'autant plus que l'intérêt commun des puissances de l'Europe, & sur-tout de vos autres voisins, est de vous laisser toujours pour barriere entr'eux & les Russes, & qu'à force de changer de folies

il faut bien qu'ils foient fages au moins quelquefois.

Une chofe me fait croire que généralement on vous verra fans jaloufie travailler
à la réforme de votre conftitution. C'eft que
cet ouvrage ne tend qu'à l'affermiffement de
la légiflation , par conféquent de la liberté ,
& que cette liberté paffe dans toutes les
Cours pour une manie de vifionnaires qui
tend plus à affoiblir qu'à renforcer un Etat.
C'eft pour cela que la France a toujours favo-
rifé la liberté du Corps Germanique & de la
Hollande , & c'eft pour cela qu'aujourd'hui
la Ruffie favorife le Gouvernement préfent
de Suede , & contrecarre de toutes fes forces
les projets du Roi. Tous ces grands miniftres
qui , jugeant les hommes en général fur eux-
mêmes & ceux qui les entourent , croient les
connoître , font bien loin d'imaginer quel
reffort l'amour de la patrie & l'élan de la
vertu peut donner à des ames libres. Ils ont
beau être les dupes de la baffe opinion qu'ils
ont des Républiques & y trouver dans toutes
leurs entreprifes une réfiftance qu'ils n'atten-
doient pas , ils ne reviendront jamais d'un
préjugé fondé fur le mépris dont ils fe fentent

dignes & sur lequel ils apprécient le genie-humain. Malgré l'expérience assez frappante que les Russes viennent de faire en Pologne, rien ne les fera changer d'opinion. Ils regarderont toujours les hommes libres comme il faut les regarder eux-mêmes, c'est-à-dire, comme des hommes nuls, sur lesquels deux seuls instrumens ont prise, savoir l'argent & le knout. S'ils voient donc que la République de Pologne, au lieu de s'appliquer à remplir ses coffres, à grossir ses finances, à lever bien des troupes réglées, songe au contraire à licentier son armée & à se passer d'argent, ils croiront qu'elle travaille à s'affoiblir, & persuadés qu'ils n'auront pour en faire la conquête, qu'à s'y présenter quand ils voudront, ils la laisseront se régler tout à son aise, en se moquant en eux-mêmes de son travail. Et il faut convenir que l'état de liberté ôte à un peuple la force offensive, & qu'en suivant le plan que je propose on doit renoncer à tout espoir de conquête. Mais que, votre œuvre faite, dans vingt ans les Russes tentent de vous envahir, & ils connoîtront quels soldats sont pour la défense de leurs foyers, ces hommes de paix qui ne favent pas attaquer ceux des autres, & qui ont oublié le prix de l'argent.

Quant à la maniere d'entamer l'œuvre dont il s'agit, je ne puis goûter toutes les fubtilités qu'on vous propofe, pour furprendre & tromper en quelque forte la nation fur les changemens à faire à fes loix. Je ferois d'avis feulement, en montrant votre plan dans toute fon étendue, de n'en point commencer brufquement l'exécution par remplir la République de mécontens, de laiffer en place la plupart de ceux qui y font, de ne conférer les emplois, felon la nouvelle réforme, qu'à mefure qu'ils viendroient à vaquer. N'ébranlez jamais trop brufquement la machine. Je ne doute point qu'un bon plan une fois adopté ne change même l'efprit de ceux qui auront eu part au Gouvernement fous un autre. Ne pouvant créer tout-d'un-coup de nouveaux citoyens, il faut commencer par tirer parti de ceux qui exiftent ; & offrir une route nouvelle à leur ambition, c'eft le moyen de les difpofer à la fuivre.

Que fi, malgré le courage & la conftance des Confédérés & malgré la juftice de leur caufe, la fortune & toutes les puiffances les

abandonnent & livrent la patrie à fes oppref-
feurs.... mais je n'ai pas l'honneur d'être
Polonois ; & dans une fituation pareille à
celle où vous êtes , il n'eft permis de donner
fon avis que par fon exemple.

Je viens de remplir, felon la mefure de
mes forces , & plût à Dieu que ce fût avec
autant de fuccès que d'ardeur , la tâche que
M. le Comte Wielhorski m'a impofée. Peut-
être tout ceci n'eft-il qu'un tas de chimeres ,
mais voilà mes idées : ce n'eft pas ma faute
fi elles reffemblent fi peu à celles des autres
hommes , & il n'a pas dépendu de moi d'or-
ganifer ma tête d'une autre façon. J'avoue
même que quelque fingularité qu'on leur
trouve , je n'y vois rien quant à moi que de
bien adapté au cœur humain , de bon , de
praticable , fur-tout en Pologne , m'étant
appliqué dans mes vues à fuivre l'efprit de
cette République , & à n'y propofer que le
moins de changemens que j'ai pu pour en
corriger les défauts. Il me femble qu'un Gouvernement monté fur de pareils refforts doit
marcher à fon vrai but auffi directement ,
auffi fûrement , auffi long-tems qu'il eft poffible ; n'ignorant pas , au furplus , que tous

les ouvrages des hommes font imparfaits, paffagers & périffables comme eux.

J'ai omis à deffein beaucoup d'articles très-importans fur lefquels je ne me fentois pas les lumieres fuffifantes pour en bien juger. Je laiffe ce foin à des hommes plus éclairés & plus fages que moi, & je mets fin à ce long fatras en faifant à M. le Comte Wielhorski mes excufes de l'en avoir occupé fi long-tems. Quoique je penfe autrement que les autres hommes, je ne me flatte pas d'être plus fage qu'eux, ni qu'il trouve dans mes rêveries rien qui puiffe être réellement utile à fa patrie; mais mes vœux pour fa profpérité font trop vrais, trop purs, trop défintéreffés pour que l'orgueil d'y contribuer puiffe ajouter à mon zele. Puiffe-t-elle triompher de fes ennemis, devenir, demeurer paifible, heureufe & libre, donner un grand exemple à l'Univers, & profitant des travaux patriotiques de M. le Comte Wielhorski, trouver & former dans fon fein beaucoup de citoyens qui lui reffemblent !

DISCOURS

SUR

L'ÉCONOMIE

POLITIQUE.

DISCOURS

DISCOURS

SUR

L'ÉCONOMIE

POLITIQUE.

LE mot d'Economie, ou d'Œconomie vient de οἶκος, *maison*, & de νόμος, *loi*, & ne signifie originairement que le sage & légitime gouvernement de la maison, pour le bien commun de toute la famille. Le sens de ce terme a été dans la suite étendu au gouvernement de la grande famille, qui est l'Etat. Pour distinguer ces deux acceptions, on l'appelle dans ce dernier cas, *économie générale*, ou *politique* ; & dans l'autre, *économie domestique* ou *particuliere*. Ce n'est que de la premiere qu'il est question dans cet article.

Quand il y auroit entre l'Etat & la famille autant de rapport que plusieurs auteurs le prétendent, il ne s'ensuivroit pas pour cela que

R

les regles de conduite propres à l'une de ces
deux sociétés, fussent convenables à l'autre:
elles different trop en grandeur pour pouvoir
être administrées de la même maniere, & il
y aura toujours une extrême différence entre
le gouvernement domestique, où le pere
peut tout voir par lui-même, & le gouvernement civil, où le chef ne voit presque
rien que par les yeux d'autrui. Pour que les
choses devinssent égales à cet égard, il faudroit que les talens, la force, & toutes les
facultés du pere, augmentassent en raison
de la grandeur de la famille, & que l'ame
d'un puissant monarque fût à celle d'un
homme ordinaire, comme l'étendue de son
empire est à l'héritage d'un particulier.

Mais comment le gouvernement de l'Etat
pourroit-il être semblable à celui de la famille dont le fondement est si différent? Le
pere étant physiquement plus fort que ses
enfans aussi long-tems que son secours leur
est nécessaire, le pouvoir paternel passe avec
raison pour être établi par la nature. Dans la
grande famille dont tous les membres sont
naturellement égaux, l'autorité politique purement arbitraire quant à son institution, ne

peut être fondée que sur des conventions, ni le magistrat commander aux autres qu'en vertu des loix. Le pouvoir du pere sur les enfans, fondé sur leur avantage particulier, ne peut par sa nature s'étendre jusqu'au droit de vie & de mort : mais le pouvoir souverain qui n'a d'autre objet que le bien commun, n'a d'autres bornes que celles de l'utilité publique bien entendue : distinction que j'expliquerai dans son lieu. Les devoirs du pere lui sont dictés par des sentimens naturels, & d'un ton qui lui permet rarement de désobéir. Les chefs n'ont point de semblable regle, & ne sont réellement tenus envers le peuple qu'à ce qu'ils lui ont promis de faire, & dont il est en droit d'exiger l'exécution. Une autre différence plus importante encore, c'est que les enfans n'ayant rien que ce qu'ils reçoivent du pere, il est évident que tous les droits de propriété lui appartiennent, ou émanent de lui ; c'est tout le contraire dans la grande famille, où l'administration générale n'est établie que pour assurer la propriété particuliere qui lui est antérieure. Le principal objet des travaux de toute la maison, est de conserver & d'accroître le patrimoine

du pere , afin qu'il puiſſe un jour le partager
entre ſes enfans ſans les appauvrir ; au lieu
que la richeſſe du fiſc n'eſt qu'un moyen , ,
ſouvent fort mal entendu , pour maintenir
les particuliers dans la paix & dans l'abondance. En un mot , la petite famille eſt deſ-
tinée à s'éteindre , & à ſe réſoudre un jour
en pluſieurs autres familles ſemblables ; mais
la grande étant faite pour durer toujours dans
le même état , il faut que la premiere s'augmente pour ſe multiplier : & non-ſeulement
il ſuffit que l'autre ſe conſerve , mais on peut
prouver aiſément que toute augmentation
lui eſt plus préjudiciable qu'utile.

Par pluſieurs raiſons tirées de la nature de
la choſe , le pere doit commander dans la
famille. Premiérement, l'autorité ne doit pas
être égale entre le pere & la mere ; mais il
faut que le gouvernement ſoit un , & que
dans les partages d'avis il y ait une voix pré-
pondérante qui décide. 2º. Quelque légeres
qu'on veuille ſuppoſer les incommodités particulieres à la femme ; comme elles font toujours pour elle un intervalle d'inaction , c'eſt
une raiſon ſuffiſante pour l'exclure de cette
primauté : car quand la balance eſt parfaite-

ment égale, une paille suffit pour la faire pencher. De plus, le mari doit avoir inspection sur la conduite de sa femme ; parce qu'il lui importe de s'assurer que les enfans, qu'il est forcé de reconnoître & de nourrir, n'appartiennent pas à d'autres qu'à lui. La femme qui n'a rien de semblable à craindre, n'a pas le même droit sur le mari. 3.º Les enfans doivent obéir au pere, d'abord par nécessité, ensuite par reconnoissance ; après avoir reçu de lui leurs besoins durant la moitié de leur vie, ils doivent consacrer l'autre à pourvoir aux siens. 4.º A l'égard des domestiques, ils lui doivent aussi leurs services en échange de l'entretien qu'il leur donne ; sauf à rompre le marché dès quil cesse de leur convenir. Je ne parle point de l'esclavage, parce qu'il est contraire à la nature, & qu'aucun droit ne peut l'autoriser.

Il n'y a rien de tout cela dans la société politique. Loin que le Chef ait un intérêt naturel au bonheur des particuliers, il ne lui est pas rare de chercher le sien dans leur misere. La magistrature est - elle héréditaire, c'est souvent un enfant qui commande à des hommes : est-elle élective, mille inconvé-

riens se font sentir dans les élections, &
l'on perd dans l'un & l'autre cas tous les
avantages de la paternité. Si vous n'avez
qu'un seul Chef, vous êtes à la discrétion
d'un maître qui n'a nulle raison de vous
aimer ; si vous en avez plusieurs, il faut
supporter à la fois leur tyrannie & leurs divisions. En un mot, les abus sont inévitables
& leurs suites funestes dans toute société,
où l'intérêt public & les loix n'ont aucune
force naturelle, & sont sans cesse attaqués
par l'intérêt personnel & les passions du chef
& des membres.

Quoique les fonctions du pere de famille
& du premier magistrat doivent tendre au
même but, c'est par des voies si différentes ;
leur devoir & leurs droits sont tellement distingués, qu'on ne peut les confondre sans
se former de fausses idées des loix fondamentales de la société, & sans tomber dans des
erreurs fatales au genre-humain. En effet, si
la voix de la nature est le meilleur conseil
que doive écouter un bon pere pour bien
remplir ses devoirs, elle n'est pour le magistrat qu'un faux guide qui travaille sans cesse
à l'écarter des siens, & qui l'entraîne tôt ou

tard à sa perte ou à celle de l'Etat, s'il n'est retenu par la plus sublime vertu. La seule précaution nécessaire au pere de famille est de se garantir de la dépravation, & d'empêcher que les inclinations naturelles ne se corrompent en lui ; mais ce sont elles qui corrompent le magistrat. Pour bien faire, le premier n'a qu'à consulter son cœur ; l'autre devient un traître au moment qu'il écoute le sien : sa raison même lui doit être suspecte, & il ne doit suivre d'autre regle que la raison publique, qui est la loi. Aussi la nature a-t-elle fait une multitude de bons peres de famille ; mais depuis l'existence du monde, la sagesse humaine a fait bien peu de bons magistrats.

De tout ce que je viens d'exposer, il s'enfuit que c'est avec raison qu'on a distingué l'*économie publique* de l'*économie particuliere*, & que la Cité n'ayant rien de commun avec la famille que l'obligation qu'ont les chefs de rendre heureux l'un & l'autre, leurs droits ne sauroient dériver de la même source, ni les mêmes regles de conduite convenir à tous les deux. J'ai cru qu'il suffiroit de ce peu de lignes pour renverser l'odieux systême que le chevalier Filmer a tâché d'établir dans un ouvrage intitulé *Patriarcha*, auquel deux hommes illustres ont fait trop d'honneur en écrivant des livres pour lui répondre. Au reste, cette erreur est fort ancienne, puisque Aristote même, qui l'adopte en certains lieux de ses Politiques, juge à propos de la combattre en d'autres.

Je prie mes Lecteurs de bien distinguer encore l'*économie publique* dont j'ai à parler, & que j'appelle *gouvernement*, de l'autorité suprême que j'appelle *souveraineté*; distinction qui consiste en ce que l'une a le droit législatif, & oblige en certains cas le Corps même de la nation, tandis que l'autre n'a que la puissance exécutrice, & ne peut obliger que les particuliers. *Voyez* POLITIQUE *&* SOUVERAINETÉ.

Qu'on me permette d'employer pour un moment une comparaison commune & peu exacte à bien des égards, mais propre à me faire mieux entendre.

Le Corps politique, pris individuellement, peut être considéré comme un corps organisé, vivant, & semblable à celui de l'homme. Le Pouvoir souverain représente la tête; les loix

& les coutumes font le cerveau, principe des nerfs & fiége de l'entendement, de la volonté & des fens, dont les juges & magiftrats font les organes ; le commerce, l'induftrie & l'agriculture, font la bouche & l'eftomac qui préparent la fubfiftance commune ; les finances publiques font le fang qu'une fage *économie*, en faifant les fonctions du cœur, renvoie diftribuer par - tout le corps la nourriture & la vie ; les citoyens font le corps & les membres qui font mouvoir, vivre, & travailler la machine, & qu'on ne fauroit bleffer en aucune partie, qu'auffi-tôt l'impreffion douloureufe ne s'en porte au cerveau, fi l'animal eft dans un état de fanté.

La vie de l'un & de l'autre & le *moi* commun au tout, la fenfibilité réciproque, & la correfpondance interne de toutes les parties. Cette communication vient-elle à ceffer, l'unité formelle à s'évanouir, & les parties contiguës à n'appartenir plus l'une à l'autre que par juxta - pofition ? l'homme eft mort ou l'Etat eft diffous.

Le Corps politique eft donc auffi un être moral qui a une volonté ; & cette volonté

générale , qui tend toujours à la conservation & au bien-être du tout & de chaque
partie , & qui est la source des loix , est pour
tous les membres de l'Etat par rapport à eux
& à lui, la regle du juste & de l'injuste ;
vérité qui , pour le dire en passant, montre
avec combien de sens tant d'Ecrivains ont
traité de vol la subtilité prescrite aux enfans
de Lacédémone, pour gagner leur frugal repas,
comme si tout ce qu'ordonne la loi pouvoit
ne pas être légitime. *Voyez au mot* Droit,
la source de ce grand & lumineux principe ,
dont cet article est le développement.

Il est important de remarquer que cette
regle de justice, sûre par rapport à tous les
citoyens, peut être fautive avec les étrangers;
& la raison de ceci est évidente : c'est qu'a-
lors la volonté de l'Etat, quoique générale
par rapport à ses membres, ne l'est plus
par rapport aux autres Etats & à leurs membres , mais devient pour eux une volonté
particuliere & individuelle, qui a sa regle
de justice dans la loi de nature, ce qui rentre
également dans le principe établi : car alors
la grande ville du monde devient le Corps
politique dont la loi de nature est toujours

volonté générale , & dont les Etats & peuples divers ne font que des membres individuels.

De ces mêmes diſtinctions appliquées à chaque ſociété politique & à ſes membres , découlent les regles les plus univerſelles & les plus sûres ſur leſquelles on puiſſe juger d'un bon ou d'un mauvais Gouvernement, & en général , de la moralité de toutes les actions humaines.

Toute ſociété politique eſt compoſée d'autres ſociétés plus petites , de différentes eſpeces dont chacune a ſes intérêts & ſes maximes ; mais ces ſociétés que chacun apperçoit , parce qu'elles ont une forme extérieure & autoriſée , ne font pas les ſeules qui exiſtent réellement dans l'Etat ; tous les particuliers qu'un intérêt commun réunit , en compoſent autant d'autres , permanentes ou paſſageres , dont la force n'eſt pas moins réelle pour être moins apparente , & dont les divers rapports bien obſervés font la véritable connoiſſance des mœurs. Ce font toutes ces aſſociations tacites ou formelles qui modifient de tant de manieres les apparences de la volonté publique par l'influence de la leur. La volonté de ces ſociétés particulieres a toujours deux relations ; pour les membres de l'aſſociation, c'est une volonté générale; pour la grande société, c'est une volonté particuliere, qui très-souvent se trouve droite au premier égard, & vicieuse au second. Tel peut être prêtre dévot, ou brave soldat, ou patricien zélé, & mauvais citoyen. Telle délibération peut être avantageuse à la petite communauté & très-pernicieuse à la grande. Il est vrai que les sociétés particulieres étant toujours subordonnées à celles qui les contiennent, on doit obéir à celle-ci préférablement aux autres, que les devoirs du citoyen vont avant ceux du Sénateur, & ceux de l'homme avant ceux du citoyen : mais malheureusement l'intérêt personnel se trouve toujours en raison inverse du devoir, & augmente à mesure que l'association devient plus étroite, & l'engagement moins sacré ; preuve invincible que la volonté la plus générale est aussi toujours la plus juste, & que la voix du peuple est en effet la voix de Dieu.

Il ne s'ensuit pas pour cela que les délibérations publiques soient toujours équitables ; elles peuvent ne l'être pas lorsqu'il s'agit d'affaires étrangeres ; j'en ai dit la raison. Ainsi,

il

il n'eſt pas impoſſible qu'une République bien gouvernée faſſe une guerre injuſte. Il ne l'eſt pas non plus que le conſeil d'une démocratie paſſe de mauvais décrets & condamne les innocens : mais cela n'arrivera jamais, que le peuple ne ſoit ſéduit par des intérêts particuliers, qu'avec du crédit & de l'éloquence quelques hommes adroits ſauront ſubſtituer aux ſiens. Alors autre choſe ſera la délibération publique, & autre choſe la volonté générale. Qu'on ne m'oppoſe donc point la démocratie d'Athenes, parce qu'Athenes n'étoit point en effet une démocratie, mais une ariſtocratie très-tyrannique, gouvernée par des ſavans & des orateurs. Examinez avec ſoin ce qui ſe paſſe dans une délibération quelconque, & vous verrez que la volonté générale eſt toujours pour le bien commun ; mais très-ſouvent il ſe fait une ſciſſion ſecrete, une confédération tacite, qui pour des vues particulieres fait éluder la diſpoſition naturelle de l'aſſemblée. Alors le Corps ſocial ſe diviſe réellement en d'autres dont les membres prennent une volonté générale, bonne & juſte à l'égard de ces nouveaux corps, injuſte & mauvaiſe à l'égard.

du tout dont chacun d'eux se démembre.

On voit avec quelle facilité l'on explique à l'aide de ces principes, les contradictions apparentes qu'on remarque dans la conduite de tant d'hommes remplis de scrupule & d'honneur à certains égards, trompeurs & fripons à d'autres, foulant aux pieds les plus sacrés devoirs, & fideles jusqu'à la mort à des engagemens souvent illégitimes. C'est ainsi que les hommes les plus corrompus rendent toujours quelque sorte d'hommage à la foi publique ; c'est ainsi que les brigands mêmes, qui sont les ennemis de la vertu dans la grande société, en adorent le simulacre dans leurs cavernes.

En établissant la volonté générale pour premier principe de l'*économie* publique & regle fondamentale du Gouvernement, je n'ai pas cru nécessaire d'examiner sérieusement si les magistrats appartiennent au peuple ou le peuple aux magistrats, & si dans les affaires publiques on doit consulter le bien de l'Etat ou celui des chefs. Depuis long-tems cette question a été décidée d'une maniere par la pratique, & d'une autre par la raison ; & en général ce seroit une grande folie d'espérer

que ceux qui dans le fait font les maîtres,
préféreront un autre intérêt au leur. Il feroit
donc à propos de divifer encore l'*économie*
publique en populaire & tyrannique. La
premiere eft celle de tout Etat, où regne
entre le peuple & les chefs unité d'intérêt &
de volonté ; l'autre exiftera néceffairement
par-tout où le Gouvernement & le peuple
auront des intérêts différens & par conféquent des volontés oppofées. Les maximes
de celle - ci font infcrites au long dans les
archives de l'hiftoire & dans les fatyres de
Machiavel. Les autres ne fe trouvent que
dans les écrits des philofophes qui ofent re-
clamer les droits de l'humanité.

I. La premiere & plus importante maxime du Gouvernement légitime ou populaire,
c'eft-à-dire, de celui qui a pour objet le bien
du peuple, eft donc, comme je l'ai dit,
de fuivre en tout la volonté générale ; mais
pour la fuivre il faut la connoître, & fur-
tout la bien diftinguer de fa volonté particuliere en commençant par foi - même ;
diftinction toujours fort difficile à faire, &
pour laquelle il n'appartient qu'à la plus fublime vertu de donner de fuffifantes lumieres.

Comme pour vouloir il faut être libre, une autre difficulté qui n'est gueres moindre, est d'assurer à la fois la liberté publique & l'autorité du Gouvernement. Cherchez les motifs qui ont porté les hommes unis par leurs besoins mutuels dans la grande société, à s'unir plus étroitement par des sociétés civiles; vous n'en trouverez point d'autre que celui d'assurer les biens, la vie, & la liberté de chaque membre par la protection de tous: or comment forcer des hommes à défendre la liberté de l'un d'entr'eux, sans porter atteinte à celle des autres? & comment pourvoir aux besoins publics sans altérer la propriété particuliere de ceux qu'on force d'y contribuer? De quelques sophismes qu'on puisse colorer tout cela, il est certain que si l'on peut contraindre ma volonté, je ne suis plus libre, & que je ne suis plus maître de mon bien, si quelqu'autre peut y toucher. Cette difficulté, qui devoit sembler insurmontable, a été levée avec la premiere par la plus sublime de toutes les institutions humaines, ou plutôt par une inspiration céleste, qui apprit à l'homme à imiter ici-bas les décrets immuables de la Divinité. Par quel art inconcevable a-t-on pu trouver le moyen d'affujettir les hommes pour les rendre libres ? d'employer au fervice de l'Etat les biens , les bras, & la vie même de tous fes membres , fans les contraindre & fans les confulter ? d'enchaîner leur volonté de leur propre aveu ? de faire valoir leur confentement contre leur refus, & de les forcer à fe punir eux - mêmes , quand ils font ce qu'ils n'ont pas voulu ? Comment fe peut-il faire qu'ils obéiffent & que perfonne ne commande, qu'ils fervent & n'aient point de maître ; d'autant plus libres en effet que fous une apparente fujétion , nul ne perd de fa liberté que ce qui peut nuire à celle d'un autre ? Ces prodiges font l'ouvrage de la loi. C'eft à la loi feule que les hommes doivent la juftice & la liberté. C'eft cet organe falutaire de la volonté de tous , qui rétablit dans le droit l'égalité naturelle entre les hommes. C'eft cette voix célefte qui dicte à chaque citoyen les préceptes de la raifon publique, & lui apprend à agir felon les maximes de fon propre jugement, & à n'être pas en contradiction avec lui-même. C'eft elle feule auffi que les chefs doivent faire

parler quand ils commandent ; car si-tôt
qu'indépendamment des loix , un homme
en prétend soumettre un autre à sa volonté
privée , il sort à l'instant de l'état civil , &
se met vis-à-vis de lui dans le pur état de
nature où l'obéissance n'est jamais prescrite
que par la nécessité.

Le plus pressant intérêt du chef , de même
que son devoir le plus indispensable , est
donc de veiller à l'observation des loix dont
il est le ministre , & sur lesquelles est fondée toute son autorité. S'il doit les faire observer aux autres , à plus forte raison doit-il
les observer lui-même qui jouit de toute leur
faveur. Car son exemple est de telle force ,
que quand même le peuple voudroit bien
souffrir qu'il s'affranchît du joug de la loi ,
il devroit se garder de profiter d'une si dangereuse prérogative , que d'autres s'efforce-
roient bientôt d'usurper à leur tour , & souvent à son préjudice. Au fond , comme
tous les engagemens de la société sont réci-
proques par leur nature , il n'est pas possible
de se mettre au-dessus de la loi sans renoncer
à ses avantages , & personne ne doit rien à
quiconque prétend ne rien devoir à personne.

Par la même raison nulle exemption de la loi ne sera jamais accordée à quelque titre que ce puisse être dans un Gouvernement bien policé. Les citoyens mêmes qui ont bien mérité de la patrie doivent être récompensés par des honneurs & jamais par des priviléges : car la République est à la veille de sa ruine, si-tôt que quelqu'un peut penser qu'il est beau de ne pas obéir aux loix. Mais si jamais la noblesse ou le militaire, ou quelqu'autre ordre de l'Etat, adoptoit une pareille maxime, tout seroit perdu sans ressource.

La puissance des loix dépend encore plus de leur propre sagesse que de la sévérité de leurs ministres, & la volonté publique tire son plus grand poids de la raison qui l'a dictée : c'est pour cela que Platon regarde comme une précaution très-importante de mettre toujours à la tête des édits un préambule raisonné, qui en montre la justice & l'utilité. En effet, la premiere des loix est de respecter les loix : la rigueur des châtimens n'est qu'une vaine ressource imaginée par de petits esprits, pour substituer la terreur à ce respect qu'ils ne peuvent obtenir.

On a toujours remarqué que les pays où les supplices sont les plus terribles, sont aussi ceux où ils sont les plus fréquens; de sorte que la cruauté des peines ne marque gueres que la multitude des infracteurs, & qu'en punissant tout avec la même sévérité, l'on force les coupables de commettre des crimes pour échaper à la punition de leurs fautes.

Mais quoique le Gouvernement ne soit pas le maître de la loi, c'est beaucoup d'en être le garant, & d'avoir mille moyens de la faire aimer. Ce n'est qu'en cela que consiste le talent de régner. Quand on a la force en main, il n'y a point d'art à faire trembler tout le monde, & il n'y en a pas même beaucoup à gagner les cœurs; car l'expérience a depuis long-tems appris au peuple à tenir grand compte à ses chefs, de tout le mal qu'ils ne lui font pas, & à les adorer quand il n'en est pas haï. Un imbécille obéi peut comme un autre punir les forfaits : le véritable homme d'Etat sait les prévenir; c'est sur les volontés encore plus que sur les actions qu'il étend son respectable empire. S'il pouvoit obtenir que tout le monde fît bien, il n'auroit lui-même plus rien à faire, & le chef-d'œuvre de ses travaux seroit de pouvoir rester oisif. Il est certain, du moins, que le plus grand talent des chefs est de déguiser leur pouvoir, pour le rendre moins odieux, & de conduire l'Etat si paisiblement, qu'il semble n'avoir pas besoin de conducteurs.

Je conclus donc que comme le premier devoir du législateur est de conformer les loix à la volonté générale, la premiere regle de l'*économie* publique est que l'administration soit conforme aux loix. C'en sera même assez pour que l'Etat ne soit pas mal gouverné, si le législateur a pourvu, comme il le devoit, à tout ce qu'exigeoient les lieux, le climat, le sol, les mœurs, le voisinage, & tous les rapports particuliers du peuple qu'il avoit à instituer. Ce n'est pas qu'il ne reste encore une infinité de détails de police & d'*économie*, abandonnés à la sagesse du Gouvernement : mais il a toujours deux regles infaillibles pour se bien conduire dans ces occasions, l'une est l'esprit de la loi qui doit servir à la décision des cas qu'elle n'a pu prévoir ; l'autre est la volonté générale,

source & supplément de toutes les loix, &
qui doit toujours être consultée à leur défaut.
Comment, me dira-t-on, connoître la volonté générale dans les cas où elle ne s'est
point expliquée ? Faudra-t-il assembler toute
la nation à chaque événement imprévu ? Il
faudra d'autant moins l'assembler, qu'il
n'est pas sûr que sa décision fût l'expression
de la volonté générale ; que ce moyen est
impraticable dans un grand peuple, & qu'il
est rarement nécessaire quand le Gouvernement est bien intentionné : car les chefs sa-
vent assez que la volonté générale est toujours pour le parti le plus favorable à l'intérêt public, c'est-à-dire, le plus équitable ;
de sorte qu'il ne faut qu'être juste pour s'assurer de suivre la volonté générale. Souvent
quand on la choque trop ouvertement, elle
se laisse appercevoir malgré le frein terrible
de l'autorité publique. Je cherche le plus
près qu'il m'est possible les exemples à suivre
en pareil cas. A la Chine, le Prince a pour
maxime constante de donner le tort à ses
Officiers dans toutes les altercations qui
s'élevent entr'eux & le peuple. Le pain est-il
cher dans une province ? l'Intendant est mis

en prison : se fait-il dans un autre une émeute ? le Gouvernement est cassé, & chaque Mandarin répond sur sa tête, de tout le mal qui arrive dans son département. Ce n'est pas qu'on n'examine ensuite l'affaire dans un procès régulier ; mais une longue expérience en a fait prévenir ainsi le jugement. L'on a rarement en cela quelque injustice à réparer ; & l'empereur persuadé que la clameur publique ne s'éleve jamais sans sujet, démêle toujours au travers des cris séditieux qu'il punit, de justes griefs qu'il redresse.

C'est beaucoup que d'avoir fait régner l'ordre & la paix dans toutes les parties de la république ; c'est beaucoup que l'Etat soit tranquille & la loi respectée : mais si l'on ne fait rien de plus, il y aura dans tout cela plus d'apparence que de réalité, & le Gouvernement se fera difficilement obéir, s'il se borne à l'obéissance. S'il est bon de savoir employer les hommes tels qu'ils sont, il vaut beaucoup mieux encore les rendre tels qu'on a besoin qu'ils soient ; l'autorité la plus absolue est celle qui pénetre jusqu'à l'intérieur de l'homme, & ne s'exerce pas moins sur la volonté que sur les actions. Il est certain que les peuples sont à la longue ce que le Gouvernement les fait être. Guerriers, citoyens, hommes, quand il veut ; populace & canaille quand il lui plaît : & tout Prince qui méprise ses sujets, se déshonore lui-même, en montrant qu'il n'a pas su les rendre estimables. Formez donc des hommes, si vous voulez commander à des hommes ; si vous voulez qu'on obéisse aux loix, faites qu'on les aime, & que pour faire ce qu'on doit, il suffit de songer qu'on le doit faire. C'étoit là le grand art des Gouvernemens anciens, dans ces tems reculés où les philosophes donnoient des loix aux peuples, & n'employoient leur autorité qu'à les rendre sages & heureux. Delà tant de loix somptuaires, tant de réglemens sur les mœurs, tant de maximes publiques admises ou rejettées avec le plus grand soin. Les tyrans mêmes n'oublioient pas cette importante partie de l'administration, & on les voyoit attentifs à corrompre les mœurs de leurs esclaves, avec autant de soin qu'en avoient les magistrats à corriger celles de leurs concitoyens. Mais nos Gou-

vernemens

vernemens modernes qui croient avoir tout
fait quand ils ont tiré de l'argent, n'imaginent pas même qu'il soit nécessaire ou possible
d'aller jusques-là.

I I. Seconde regle essentielle de l'*économie*
publique, non moins importante que la premiere. Voulez-vous que la volonté générale
soit accomplie ? faites que toutes les volontés
particulieres s'y rapportent ; & comme la
vertu n'est que cette conformité de la volonté
particuliere à la générale, pour dire la même
chose en un mot, faites régner la vertu.

Si les politiques étoient moins aveuglés par
leur ambition, ils verroient combien il est
impossible qu'aucun établissement, quel qu'il
soit, puisse marcher selon l'esprit de son institution, s'il n'est dirigé selon la loi du devoir ; ils sentiroient que le plus grand ressort
de l'autorité publique est dans le cœur des
citoyens, & que rien ne peut suppléer aux
mœurs pour le maintien du Gouvernement.
Non-seulement il n'y a que des gens de bien
qui sachent administrer les loix, mais il n'y
a dans le fond que d'honnêtes gens qui sachent leur obéir. Celui qui vient à bout de
braver les remords ne tardera pas à braver

T

les supplices ; châtiment moins rigoureux,
moins continuel, & auquel on a du moins
l'espoir d'échaper ; & quelques précautions
qu'on prenne, ceux qui n'attendent que
l'impunité pour mal faire, ne manquent
gueres de moyens d'éluder la loi, ou d'é-
chaper à la peine. Alors, comme tous les
intérêts particuliers se réunissent contre l'intérêt général qui n'est plus celui de personne,
les vices publics ont plus de force pour énerver les loix, que les loix n'en ont pour réprimer les vices ; & la corruption du peuple &
des chefs s'étend enfin jusqu'au Gouvernement, quelque sage qu'il puisse être : le pire
de tous les abus est de n'obéir en apparence
aux loix que pour les enfreindre en effet avec
sureté. Bientôt les meilleures loix deviennent
les plus funestes : il vaudroit mieux cent fois
qu'elles n'existassent pas ; ce seroit une ressource qu'on auroit encore quand il n'en
reste plus. Dans une pareille situation, l'on
ajoute vainement édits sur édits, réglemens
sur réglemens. Tout cela ne sert qu'à introduire d'autres abus sans corriger les premiers.
Plus vous multipliez les loix, plus vous les
rendez méprisables ; & tous les surveillans

que vous inftituez ne font que de nouveaux
infracteurs deftinés à partager avec les anciens, ou à faire leur pillage à part. Bientôt
le prix de la vertu devient celui du brigan-
dage : les plus vils font les plus accrédités ;
plus ils font grands, plus ils font méprifables;
leur infamie éclate dans leurs dignités, & ils
font déshonorés par leurs honneurs. S'ils
achetent les fuffrages des chefs ou la protection des femmes, c'eft pour vendre à leur
tour la juftice, le devoir & l'Etat; & le
peuple qui ne voit pas que fes vices font la
premiere caufe de fes malheurs, murmure &
s'écrie en gémiffant : « Tous mes maux ne
» viennent que de ceux que je paie pour
» m'en garantir ».

C'eft alors qu'à la voix du devoir qui ne
parle plus dans les cœurs, les chefs font forcés de fubftituer le cri de la terreur ou le
leurre d'un intérêt apparent dont ils trompent
leurs créatures. C'eft alors qu'il faut recourir
à toutes les petites & miférables rufes qu'ils
appellent *maximes d'Etat*, & *myfteres du ca-
binet*. Tout ce qui refte de vigueur au Gouvernement eft employé par fes membres à fe
perdre & fupplanter l'un l'autre, tandis que

T ij

les affaires demeurent abandonnées, ou ne se font qu'à mesure que l'intérêt personnel le demande, & selon qu'il les dirige. Enfin toute l'habileté de ces grands politiques est de fasciner tellement les yeux de ceux dont ils ont besoin, que chacun croie travailler pour son intérêt en travaillant pour le leur; je dis le leur, si tant est qu'en effet le véritable intérêt des chefs soit d'anéantir les peuples pour les soumettre, & de ruiner leur propre bien pour s'en assurer la possession.

Mais quand les citoyens aiment leur devoir, & que les dépositaires de l'autorité publique s'appliquent sincérement à nourrir cet amour par leur exemple & par leurs soins, toutes les difficultés s'évanouissent, l'administration prend une facilité qui la dispense de cet art ténébreux dont la noirceur fait tout le mystere. Ces esprits vastes, si dangereux & si admirés, tous ces grands ministres dont la gloire se confond avec les malheurs du peuple, ne sont plus regrettés: les mœurs publiques suppléent au génie des chefs; & plus la vertu regne, moins les talens sont nécessaires. L'ambition même est mieux servie par le devoir que par l'usurpation: le peuple convaincu que ses chefs ne travaillent qu'à faire son bonheur, les dispense par sa déférence de travailler à affermir leur pouvoir ; & l'histoire nous montre en mille endroits que l'autorité qu'il accorde à ceux qu'il aime & dont il est aimé, est cent fois plus absolue que toute la tyrannie des usurpateurs. Ceci ne signifie pas que le Gouvernement doive craindre d'user de son pouvoir, mais qu'il n'en doit user que d'une maniere légitime. On trouvera dans l'histoire mille exemples de chefs ambitieux ou pusillanimes, que la mollesse ou l'orgueil ont perdus, aucun qui se soit mal trouvé de n'être qu'équitable. Mais on ne doit pas confondre la négligence avec la modération, ni la douceur avec la foiblesse. Il faut être sévere pour être juste : souffrir la méchanceté qu'on a le droit & le pouvoir de réprimer, c'est être méchant soi-même. *Sicuti enim est aliquando misericordia puniens, ita est crudelitas parcens.* Aug. Epist. 54.

Ce n'est pas assez de dire aux citoyens, soyez bons ; il faut leur apprendre à l'être ; & l'exemple même, qui est à cet égard la premiere leçon, n'est pas le seul moyen qu'il

T iij

faille employer : l'amour de la patrie est le plus efficace ; car comme je l'ai déja dit, tout homme est vertueux quand sa volonté particuliere est conforme en tout à la volonté générale, & nous voulons volontiers ce que veulent les gens que nous aimons.

Il semble que le sentiment de l'humanité s'évapore & s'affoiblisse en s'étendant sur toute la terre, & que nous ne saurions être touchés des calamités de la Tartarie ou du Japon, comme de celles d'un peuple Européen. Il faut en quelque maniere borner & comprimer l'intérêt & la commisération pour lui donner de l'activité. Or comme ce penchant en nous ne peut être utile qu'à ceux avec qui nous avons à vivre, il est bon que l'humanité concentrée entre les concitoyens, prenne en eux une nouvelle force par l'habitude de se voir, & par l'intérêt commun qui les réunit. Il est certain que les plus grands prodiges de vertu ont été produits par l'amour de la patrie : ce sentiment doux & vif qui joint la force de l'amour-propre à toute la beauté de la vertu, lui donne une énergie qui sans la défigurer, en fait la plus héroï-que de toutes les passions. C'est lui qui produisit tant d'actions immortelles dont l'éclat éblouit nos foibles yeux, & tant de grands hommes dont les antiques vertus passent pour des fables depuis que l'amour de la patrie est tourné en dérision. Ne nous en étonnons pas; les transports des cœurs tendres paroissent autant de chimeres à quiconque ne les a point sentis; & l'amour de la patrie plus vif & plus délicieux cent fois que celui d'une maîtresse, ne se conçoit de même qu'en l'éprouvant : mais il est aisé de remarquer dans tous les cœurs qu'il échauffe, dans toutes les actions qu'il inspire, cette ardeur bouillante & sublime dont ne brille pas la plus pure vertu quand elle en est séparée. Osons opposer Socrate même à Caton : l'un étoit plus philosophe, & l'autre plus citoyen. Athenes étoit déja perdue, & Socrate n'avoit plus de patrie que le monde entier : Caton porta toujours la sienne au fond de son cœur; il ne vivoit que pour elle & ne put lui survivre. La vertu de Socrate est celle du plus sage des hommes : mais entre César & Pompée, Caton semble un Dieu parmi des mortels. L'un instruit quelques particuliers, combat les sophistes, & meurt pour la vérité : l'autre défend l'Etat, la liberté, les loix contre les conquérans du monde, & quitte enfin la terre quand il n'y voit plus de patrie à servir. Un digne éleve de Socrate seroit le plus vertueux de ses contemporains ; un digne émule de Caton en seroit le plus grand. La vertu du premier feroit son bonheur, le second chercheroit son bonheur dans celui de tous. Nous serions instruits par l'un & conduits par l'autre, & cela seul décideroit de la préférence : car on n'a jamais fait un peuple de sages, mais il n'est pas impossible de rendre un peuple heureux.

Voulons-nous que les peuples soient vertueux ? commençons donc par leur faire aimer la patrie : mais comment l'aimeront-ils, si la patrie n'est rien de plus pour eux que pour des étrangers, & qu'elle ne leur accorde que ce qu'elle ne peut refuser à personne ? Ce seroit bien pis s'ils n'y jouissoient pas même de la sureté civile, & que leurs biens, leur vie ou leur liberté fussent à la discrétion des hommes puissans, sans qu'il leur fût possible ou permis d'oser réclamer les loix. Alors soumis aux devoirs de l'état

civil , sans jouir même des droits de l'état
de nature & sans pouvoir employer leurs
forces pour se défendre , ils seroient par
conséquent dans la pire condition où se
puissent trouver des hommes libres , & le
mot de *patrie* ne pourroit avoir pour eux
qu'un sens odieux ou ridicule. Il ne faut
pas croire que l'on puisse offenser ou couper
un bras, que la douleur ne s'en porte à la
tête ; & il n'est pas plus croyable que la volonté générale consente qu'un membre de
l'Etat quel qu'il soit en blesse ou détruise un
autre, qu'il ne l'est que les doigts d'un
homme usant de sa raison aillent lui crever
les yeux. La sureté particuliere est tellement
liée avec la confédération publique , que
sans les égards que l'on doit à la foiblesse
humaine , cette convention seroit dissoute
par le droit, s'il périssoit dans l'Etat un
seul citoyen qu'on eût pu secourir ; si l'on
en retenoit à tort un seul en prison , & s'il
se perdoit un seul procès avec une injustice
évidente : car les conventions fondamentales
étant enfreintes , on ne voit plus quel droit
ni quel intérêt pourroit maintenir le peuple
dans l'union sociale , à moins qu'il n'y fût

retenu par la seule force qui fait la dissolution de l'Etat civil.

En effet, l'engagement du Corps de la nation n'est-il pas de pourvoir à la conservation du dernier de ses membres avec autant de soin qu'à celle de tous les autres ? & le salut d'un citoyen est-il moins la cause commune que celui de tout l'Etat ? Qu'on nous dise qu'il est bon qu'un seul périsse pour tous, j'admirerai cette sentence dans la bouche d'un digne & vertueux patriote qui se consacre volontairement & par devoir à la mort pour le salut de son pays : mais si l'on entend qu'il soit permis au Gouvernement de sacrifier un innocent au salut de la multitude, je tiens cette maxime pour une des plus exécrables que jamais la tyrannie ait inventée, la plus fausse qu'on puisse avancer, la plus dangereuse qu'on puisse admettre, & la plus directement opposée aux loix fondamentales de la société. Loin qu'un seul doive périr pour tous, tous ont engagé leurs biens & leurs vies à la défense de chacun d'eux, afin que la foiblesse particuliere fût toujours protégée par la force publique, & chaque membre par tout l'Etat. Après avoir par suppofition retranché du peuple un individu après l'autre, preffez les partifans de cette maxime à mieux expliquer ce qu'ils entendent par *le Corps de l'Etat*, & vous verrez qu'ils le réduiront à la fin à un petit nombre d'hommes qui ne font pas le peuple, mais les officiers du peuple ; & qui s'étant obligés par un ferment particulier à périr eux-mêmes pour fon falut, prétendent prouver par-là que c'eft à lui de périr pour le leur.

Veut-on trouver des exemples de la protection que l'Etat doit à fes membres, & du refpect qu'il doit à leurs perfonnes ? ce n'eft que chez les plus illuftres & les plus courageufes nations de la terre qu'il faut les chercher, & il n'y a gueres que les peuples libres où l'on fache ce que vaut un homme. A Sparte, on fait en quelle perplexité fe trouvoit toute la République lorfqu'il étoit queftion de punir un citoyen coupable. En Macédoine, la vie d'un homme étoit une affaire fi importante, que dans toute la grandeur d'Alexandre, ce puiffant Monarque n'eût ofé de fang-froid faire mourir un Macédonien criminel, que l'accufé n'eût comparu

pour se défendre devant ses concitoyens , &
n'eût été condamné par eux. Mais les Romains se distinguerent au dessus de tous les
peuples de la terre par les égards du Gouvernement pour les particuliers , & par son attention scrupuleuse à respecter les droits in-
violables de tous les membres de l'Etat. Il n'y
avoit rien de si sacré que la vie des simples
citoyens ; il ne falloit pas moins que l'assemblée de tout le peuple pour en condamner
un : le Sénat même, ni les consuls, dans
toute leur majesté , n'en avoient pas le droit,
& chez le plus puissant peuple du monde,
le crime & la peine d'un citoyen étoit une
désolation publique ; aussi parut il si dur d'en
verser le sang pour quelque crime que ce pût
être , que par la loi *Porcia* la peine de mort
fut commuée en celle de l'exil , pour tous
ceux qui voudroient survivre à la perte d'une
si douce patrie. Tout respiroit à Rome &
dans les armées cet amour des concitoyens
les uns pour les autres , & ce respect pour
le nom romain qui élevoit le courage & ani-
moit la vertu de quiconque avoit l'honneur
de le porter. Le chapeau d'un citoyen délivré
d'esclavage , la couronne civique de celui

qui

qui avoit sauvé la vie à un autre, étoient ce qu'on regardoit avec le plus de plaisir dans la pompe des triomphes ; & il est à remarquer que des couronnes dont on honoroit à la guerre les belles actions, il n'y avoit que la civique & celle des triomphateurs qui fussent d'herbe & de feuilles , toutes les autres n'étoient que d'or. C'est ainsi que Rome fut vertueuse & devint la maîtresse du monde. Chefs ambitieux ! Un pâtre gouverne ses chiens & ses troupeaux , & n'est que le dernier des hommes. S'il est beau de commander, c'est quand ceux qui nous obéissent peuvent nous honorer : respectez donc vos concitoyens , & vous vous rendrez respectables ; respectez la liberté , & votre puissance augmentera tous les jours : ne passez jamais vos droits, & bientôt ils seront sans bornes.

Que la patrie se montre donc la mere commune des citoyens , que les avantages dont ils jouissent dans leur pays le leur rende cher , que le Gouvernement leur laisse assez de part à l'administration publique pour sentir qu'ils sont chez eux, & que les loix ne soient à leurs yeux que les garans de la commune liberté. Ces droits, tout

V

beaux qu'ils sont, appartiennent à tous les hommes ; mais sans paroître les attaquer directement, la mauvaise volonté des chefs en réduit aisément l'effet à rien. La loi dont on abuse, sert à la fois au puissant d'arme offensive, & de bouclier contre le foible, & le prétexte du bien public est toujours le plus dangereux fléau du peuple. Ce qu'il y a de plus nécessaire, & peut-être de plus difficile dans le Gouvernement, c'est une intégrité sévere à rendre justice à tous, & sur-tout pour protéger le pauvre contre la tyrannie du riche. Le plus grand mal est déja fait, quand on a des pauvres à défendre & des riches à contenir. C'est sur la médiocrité seule que s'exerce toute la force des loix ; elles sont également impuissantes contre les tréfors du riche & contre la misere du pauvre ; le premier les élude, le second leur échape ; l'un brise la toile, & l'autre passe au-travers.

C'est donc une des plus importantes affaires du Gouvernement, de prévenir l'extrême inégalité des fortunes, non en enlevant les tréfors à leurs possesseurs, mais en ôtant à tous les moyens d'en accumuler, ni en bâtissant des hôpitaux pour les pauvres, mais en garantissant les citoyens de le devenir. Les hommes inégalement distribués sur le territoire, & entassés dans un lieu tandis que les autres se dépeuplent ; les arts d'agrément & de pure industrie favorisés aux dépens des métiers utiles & pénibles ; l'agriculture sacrifiée au commerce ; le publicain rendu nécessaire par la mauvaise administration des deniers de l'Etat ; enfin la vénalité poussée à tel excès, que la considération se compte avec les pistoles, & que les vertus mêmes se vendent à prix d'argent : telles sont les causes les plus sensibles de l'opulence & de la misere, de l'intérêt particulier substitué à l'intérêt public, de la haine mutuelle des citoyens, de leur indifférence pour la cause commune, de la corruption du peuple, & de l'affoiblissement de tous les ressorts du Gouvernement. Tels sont par conséquent les maux qu'on guérit difficilement quand ils se font sentir, mais qu'une sage administration doit prévenir, pour maintenir avec les bonnes mœurs, le respect pour les loix, l'amour de la patrie, & la vigueur de la volonté générale.

V ij

Mais toutes ces précautions feront infuffi-
fantes, fi l'on ne s'y prend de plus loin
encore. Je finis cette partie de l'*économie
publique*, par où j'aurois dû la commencer.
La patrie ne peut fubfifter fans la liberté, ni
la liberté fans la vertu, ni la vertu fans les
citoyens : vous aurez tout fi vous formez des
citoyens ; fans cela vous n'aurez que de mé-
chans efclaves, à commencer par les chefs
de l'Etat. Or, former des citoyens n'eft pas
l'affaire d'un jour ; & pour les avoir hommes, il faut les inftruire enfans. Qu'on me
dife que quiconque a des hommes à gouverner, ne doit pas chercher hors de leur nature
une perfection dont ils ne font pas fufcep-
tibles ; qu'il ne doit pas vouloir détruire
en eux les paffions, & que l'exécution d'un
pareil projet ne feroit pas plus defirable que
poffible. Je conviendrai d'autant mieux de
tout cela, qu'un homme qui n'auroit point
de paffions, feroit certainement un mauvais
citoyen : mais il faut convenir auffi, que
fi l'on n'apprend point aux hommes à n'aimer rien, il n'eft pas impoffible de leur
apprendre à aimer un objet plutôt qu'un
autre, & ce qui eft véritablement beau,

plutôt que ce qui est difforme. Si , par exemple , on les exerce assez-tôt à ne jamais regarder leur individu que par ses relations avec le corps de l'Etat , & à n'appercevoir , pour ainsi dire , leur propre existence , que comme une partie de la sienne , ils pourront parvenir enfin à s'identifier en quelque sorte avec ce plus grand tout , à se sentir membres de la patrie , à l'aimer de ce sentiment exquis que tout homme isolé n'a que pour soi-même , à élever perpétuellement leur ame à ce grand objet , & à transformer ainsi en une vertu sublime , cette disposition dangereuse d'où naissent tous nos vices. Non-seulement la philosophie démontre la possibilité de ces nouvelles directions , mais l'histoire en fournit mille exemples éclatans : s'ils sont si rares parmi nous , c'est que personne ne se soucie qu'il y ait des citoyens , & qu'on s'avise encore moins de s'y prendre assez-tôt pour les former. Il n'est plus tems de changer nos inclinations naturelles quand elles ont pris leur cours , & que l'habitude s'est jointe à l'amour-propre ; il n'est plus tems de nous tirer hors de nous-mêmes , quand une fois le *moi humain* concentré dans nos cœurs, y

V iij

a de puis cette méprifable activité qui abforbe toute vertu , & fait la vie des petites ames. Comment l'amour de la patrie pourroit il germer au milieu de tant d'autres paffions qui l'étouffent ? & que refte-t-il pour les concitoyens d'un cœur déja partagé entre l'avarice , une maîtreffe , & la vanité ?

C'eft du premier moment de la vie, qu'il faut apprendre à mériter de vivre, & comme on participe en naiffant aux droits des citoyens , l'inftant de notre naiffance doit être le commencement de l'exercice de nos devoirs. S'il y a des loix pour l'âge mûr , il doit y en avoir pour l'enfance , qui enfeignent à obéir aux autres ; & comme on ne laiffe pas la raifon de chaque homme unique arbitre de fes devoirs , on doit d'autant moins abandonner aux lumieres & aux préjugés des peres l'éducation de leurs enfans , qu'elle importe à l'Etat encore plus qu'aux peres ; car felon le cours de la nature , la mort du pere lui dérobe fouvent les derniers fruits de cette éducation , mais la patrie en fent tôt ou tard les effets ; l'Etat demeure & la famille fe diffout. Que fi l'autorité publique , en prenant la place des peres , & fe chargeant de cette importante fonction , acquiert leurs droits en remplissant leurs devoirs, ils ont d'autant moins sujet de s'en plaindre, qu'à cet égard ils ne font proprement que changer de nom , & qu'ils auront en commun , sous le nom de citoyens, la même autorité sur leurs enfans qu'ils exerçoient séparément sous le nom de *peres*, & n'en seront pas moins obéis en parlant au nom de la loi, qu'ils l'étoient en parlant au nom de la nature. L'éducation publique, sous des regles prescrites par le Gouvernement , & sous des magistrats établis par le Souverain, est donc une des maximes fondamentales du Gouvernement populaire ou légitime. Si les enfans sont élevés en commun dans le sein de l'égalité, s'ils sont imbus des loix de l'Etat & des maximes de la volonté générale, s'ils sont instruits à les respecter par - dessus toutes choses, s'ils sont environnés d'exemples & d'objets qui leur parlent sans cesse de la tendre mere qui les nourrit , de l'amour qu'elle a pour eux, des biens inestimables qu'ils reçoivent d'elle , & du retour qu'ils lui doivent , ne doutons pas qu'ils n'apprennent ainsi à se chérir mutuellement comme des freres, à ne vouloir jamais que ce que veut la société, à subſtituer des actions d'hommes & de citoyens au ſtérile & vain babil des ſophiſtes, & à devenir un jour les défenſeurs & les peres de la patrie dont ils auront été ſi long-tems les enfans.

Je ne parlerai point des magiſtrats deſtinés à préſider à cette éducation, qui certainement eſt la plus importante affaire de l'Etat. On ſent que ſi de telles marques de la confiance publique étoient légérement accordées, ſi cette fonction ſublime n'étoit pour ceux qui auroient dignement rempli toutes les autres le prix de leurs travaux, l'honorable & doux repos de leur vieilleſſe, & le comble de tous les honneurs, toute l'entrepriſe ſeroit inutile & l'éducation ſans ſuccès; car partout où la leçon n'eſt pas ſoutenue par l'autorité, & le précepte par l'exemple, l'inſtruction demeure ſans fruit, & la vertu même perd ſon crédit dans la bouche de celui qui ne la pratique pas. Mais que de guerriers illuſtres, courbés ſous le faix de leurs lauriers, prêchent le courage; que des magiſtrats integres, blanchis dans la pourpre & ſur les tribunaux, enſeignent la juſtice; les uns &

les autres fe formeront ainfi de vertueux fuc-
cefleurs, & tranfmettront d'âge en âge aux
générations fuivantes, l'expérience & les talens des chefs, le courage & la vertu des citoyens, & l'émulation commune à tous de
vivre & mourir pour la patrie.

Je ne fache que trois peuples qui aient
autrefois pratiqué l'éducation publique ; favoir, les Crétois, les Lacédémoniens, & les
anciens Perfes : chez tous les trois elle eut le
plus grand fuccès, & fit des prodiges chez
les deux derniers. Quand le monde s'eft trouvé divifé en nations trop grandes pour pouvoir être bien gouvernées, ce moyen n'a plus
été praticable ; & d'autres raifons que le Lec-
teur peut voir aifément, ont encore empêché
qu'il n'ait été tenté chez aucun peuple moderne. C'eft une chofe très-remarquable que
les Romains aient pu s'en paffer ; mais Rome
fut durant cinq cents ans un miracle continuel, que le monde ne doit plus efpérer de
revoir. La vertu des Romains engendrée par
l'horreur de la tyrannie & des crimes des
tyrans, & par l'amour inné de la patrie, fit
de toutes leurs maifons autant d'écoles de
citoyens ; & le pouvoir fans bornes des peres

fur leurs enfans, mit tant de févérité dans la police particuliere, que le pere plus craint que les magiftrats, étoit dans fon tribunal domeftique le cenfeur des mœurs & le vengeur des loix. *Voyez* EDUCATION.

C'eft ainfi qu'un Gouvernement attentif & bien intentionné, veillant fans ceffe à maintenir ou rappeller chez le peuple l'amour de la patrie & les bonnes mœurs, prévient de loin les maux qui réfultent tôt ou tard de l'indifférence des citoyens pour le fort de la République, & contient dans d'étroites bornes cet intérêt perfonnel, qui ifole tellement les particuliers, que l'Etat s'affoiblit par leur puiffance & n'a rien à efpérer de leur bonne volonté. Par-tout où le peuple aime fon pays, refpecte les loix, & vit fimplement, il refte peu de chofe à faire pour le rendre heureux; & dans l'adminiftration publique où la fortune a moins de part qu'au fort des particuliers, la fageffe eft fi près du bonheur, que ces deux objets fe confondent.

III. Ce n'eft pas affez d'avoir des citoyens & de les protéger; il faut encore fonger à leur fubfiftance; & pourvoir aux befoins publics eft une fuite évidente de la volonté générale, & le troisieme devoir essentiel du Gouvernement. Ce devoir n'est pas, comme on doit le sentir, de remplir les greniers des particuliers & les dispenser du travail, mais de maintenir l'abondance tellement à leur portée, que pour l'acquérir le travail soit toujours nécessaire & ne soit jamais inutile. Il s'étend aussi à toutes les opérations qui regardent l'entretien du fisc, & les dépenses de l'administration publique. Ainsi, après avoir parlé de l'*économie* générale par rapport au gouvernement des personnes, il nous reste à la considérer par rapport à l'administration des biens.

Cette partie n'offre pas moins de difficultés à résoudre, ni de contraction à lever que la précédente. Il est certain que le droit de propriété est le plus sacré de tous les droits des citoyens, & plus important à certains égards que la liberté même ; soit parce qu'il tient de plus près à la conservation de la vie ; soit parce que les biens étant plus faciles à usurper & plus pénibles à défendre que la personne, on doit plus respecter ce qui peut se ravir plus aisément ; soit enfin parce que la propriété est le vrai fondement de la société civile, & le vrai garant des engagemens des citoyens : car fi les biens ne répondoient pas des perfonnes, rien ne feroit fi facile que d'éluder fes devoirs & de fe moquer des loix. D'un autre côté, il n'eft pas moins fûr que le maintien de l'Etat & du Gouvernement exige des frais & de la dépenfe ; & comme quiconque accorde la fin ne peut refufer les moyens, il s'enfuit que les membres de la fociété doivent contribuer de leurs biens à fon entretien. De plus, il eft difficile d'affurer d'un côté la propriété des particuliers fans l'attaquer d'un autre, & il n'eft pas poffible que tous les réglemens qui regardent l'ordre des fucceffions, les teftamens, les contrats, ne gênent les citoyens à certains égards fur la difpofition de leur propre bien, & par conféquent fur leur droit de propriété.

Mais, outre ce que j'ai dit ci-devant de l'accord qui regne entre l'autorité de la loi & la liberté du citoyen, il y a, par rapport à la difpofition des biens, une remarque importante à faire, qui leve bien des difficultés. C'eft, comme l'a montré Puffendorf, que par la nature du droit de propriété, il ne s'étend point au-delà de la vie du propriétaire,

taire, & qu'à l'inftant qu'un homme eft mort, fon bien ne lui appartient plus. Ainfi, lui prefcrire les conditions fous lefquelles il en peut difpofer, c'eft au fond moins altérer fon droit en apparence, que l'étendre en effet.

En général, quoique l'inftitution des loix qui reglent le pouvoir des particuliers dans la difpofition de leur propre bien, n'appartienne qu'au Souverain, l'efprit de ces loix que le Gouvernement doit fuivre dans leur application, eft que de pere en fils & de proche en proche, les biens de la famille en fortent & s'alienent le moins qu'il eft poffible. Il y a une raifon fenfible de ceci en faveur des enfans, à qui le droit de propriété feroit fort inutile, fi le pere ne leur laiffoit rien, & qui de plus ayant fouvent contribué par leur travail à l'acquifition des biens du pere, font de leur chef affociés à fon droit. Mais une autre raifon plus éloignée & non moins importante, eft que rien n'eft plus funefte aux mœurs & à la République, que les changemens continuels d'état & de fortune entre les Citoyens; changemens qui font la preuve & la fource de mille défordres,

X

qui bouleverfent & confondent tout , & par lefquels ceux qui font élevés pour une chofe fe trouvant deftinés pour une autre , ni ceux qui montent , ni ceux qui defcendent , ne peuvent prendre les maximes ni les lumieres convenables à leur nouvel état , & beaucoup moins en remplir les devoirs. Je paffe à l'objet des finances publiques.

Si le peuple fe gouvernoit lui - même , & qu'il n'y eût rien d'intermédiaire entre l'adminiftration de l'Etat & les citoyens, ils n'auroient qu'à fe cottifer dans l'occafion, à proportion des befoins publics & des facultés des particuliers ; & comme chacun ne perdroit jamais de vue le recouvrement ni l'emploi des deniers , il ne pourroit fe g'iffer ni fraude ni abus dans leur maniement : l'Etat ne feroit jamais obéré de dettes , ni le peuple accablé d'impôts , ou du moins la fûreté de l'emploi le confoleroit de la dureté de la taxe. Mais les chofes ne fauroient aller ainfi ; & quelque borné que foit un Etat, la fociété civile y eft toujours trop nombreufe pour pouvoir être gouvernée par tous fes membres. Il faut néceffairement que les deniers publics paffent par les mains des chefs, lefquels, outre l'intérêt de l'Etat, ont tous le leur particulier, qui n'eſt pas le dernier écouté. Le peuple de ſon côté, qui s'apperçoit plutôt de l'avidité des chefs & de leurs foiles dépenſes, que des beſoins publics, murmure de ſe voir dépouiller du néceſſaire pour fournir au ſuperflu d'autrui ; & quand une fois ces manœuvres l'ont aigri juſqu'à certain point, la plus integre adminiſtration ne viendroit pas à bout de rétablir la confiance. Alors ſi les contributions ſont volontaires, elles ne produiſent rien ; ſi elles ſont forcées, elles ſont illégitimes ; & c'eſt dans cette cruelle alternative-de laiſſer périr l'Etat, ou d'attaquer le droit ſacré de la propriété, qui en eſt le ſoutien, que conſiſte la difficulté d'une juſte & ſage *économie*.

La premiere choſe que doit faire, après l'établiſſement des loix, l'inſtituteur d'une République, c'eſt de trouver un fonds ſuffiſant pour l'entretien des magiſtrats & autres officiers, & pour toutes les dépenſes publiques. Ce fonds s'appelle *ærarium* ou *fiſc*, s'il eſt en argent ; *domaine public*, s'il eſt en terres, & ce dernier eſt de beaucoup préférable à l'autre, par des raiſons faciles à voir. Quiconque aura ſuffiſamment réfléchi ſur cette matiere, ne pourra gueres être à cet égard d'un autre avis que Bodin, qui regarde le domaine public comme le plus honnête & le plus sûr de tous les moyens de pourvoir aux besoins de l'Etat ; & il est à remarquer que le premier soin de Romulus, dans la division des terres, fut d'en destiner le tiers à cet usage. J'avoue qu'il n'est pas impossible que le produit du domaine mal administré, se réduise à rien ; mais il n'est pas de l'essence du domaine d'être mal administré.

Préalablement à tout emploi, ce fonds doit être assigné ou accepté par l'assemblée du peuple ou des Etats du pays, qui doit ensuite en déterminer l'usage. Après cette solemnité, qui rend ces fonds inaliénables, ils changent, pour ainsi dire, de nature, & leurs revenus deviennent tellement sacrés, que c'est non-seulement le plus infâme de tous les vols, mais un crime de lése-majesté, que d'en détourner la moindre chose au préjudice de leur destination. C'est un grand déshonneur pour Rome que l'intégrité du questeur Caton y ait été un sujet de remarque, & qu'un Empereur, récompensant de quelques écus le talent d'un chanteur, ait eu besoin d'ajouter que cet argent venoit du bien de sa famille, & non de celui de l'Etat. Mais s'il se trouve peu de Galba, où chercherons - nous des Catons ? & quand une fois le vice ne déshonorera plus, quels seront les chefs assez scrupuleux pour s'abstenir de toucher aux revenus publics abandonnés à leur discrétion, & pour ne pas s'en imposer bientôt à eux-mêmes, en affectant de confondre leurs vaines & scandaleuses dissipations avec la gloire de l'Etat, & les moyens d'étendre leur autorité, avec ceux d'augmenter sa puissance ? C'est sur-tout en cette délicate partie de l'administration, que la vertu est le seul instrument efficace, & que l'intégrité du magistrat est le seul frein capable de contenir son avarice. Les livres & tous les comptes des régisseurs servent moins à déceler leurs infidélités qu'à les couvrir ; & la prudence n'est jamais aussi prompte à imaginer de nouvelles précautions, que la friponnerie à les éluder. Laissez donc les registres & papiers, & remettez les finances en des mains fidelles ; c'est le seul moyen qu'elles soient fidélement régies.

X iij

Quand une fois les fonds publics font établis, les chefs de l'Etat en font de droit les adminiftrateurs ; car cette adminiftration fait une partie du Gouvernement, toujours eſſentielle, quoique non toujours également : ſon influence augmente à meſure que celle des autres reſſorts diminue ; & l'on peut dire qu'un Gouvernement eſt parvenu à ſon dernier degré de corruption, quand il n'a plus d'autre nerf que l'argent : or, comme tout Gouvernement tend ſans ceſſe au relâchement, cette ſeule raiſon montre pourquoi nul Etat ne peut ſubſiſter ſi ſes revenus n'augmentent ſans ceſſe.

Le premier ſentiment de la néceſſité de cette augmentation, eſt auſſi le premier ſigne du déſordre intérieur de l'Etat ; & le ſage adminiſtrateur, en ſongeant à trouver de l'argent pour pourvoir au beſoin préſent, ne néglige pas de rechercher la cauſe éloignée de ce nouveau beſoin : comme un marin voyant l'eau gagner ſon vaiſſeau, n'oublie pas en faiſant jouer les pompes, de faire auſſi chercher & boucher la voie.

De cette regle découle la plus importante maxime de l'adminiſtration des finances, qui eſt de travailler avec beaucoup plus de ſoin à prévenir les beſoins, qu'à augmenter les revenus ; de quelque diligence qu'on puiſſe uſer, le ſecours qui ne vient qu'après le mal, & plus lentement, laiſſe toujours l'Etat en ſouffrance : tandis qu'on ſonge à remédier à un mal, un autre ſe fait déja ſentir, & les reſſources mêmes produiſent de nouveaux inconvéniens ; de ſorte qu'à la fin la nation s'obere, le peuple eſt foulé, le Gouvernement perd toute ſa vigueur, & ne fait plus que peu de choſe avec beaucoup d'argent. Je crois que de cette grande maxime bien établie, découloient les prodiges des Gouvernemens anciens, qui faiſoient plus avec leur parſimonie, que les nôtres avec tous leurs tréſors ; & c'eſt peut-être de-là qu'eſt dérivée l'acception vulgaire du mot d'*économie*, qui s'entend plutôt du ſage ménagement de ce qu'on a, que des moyens d'acquérir ce que l'on n'a pas.

Indépendamment du domaine public, qui rend à l'Etat à proportion de la probité de ceux qui le régiſſent, ſi l'on connoiſſoit aſſez toute la force de l'adminiſtration générale, ſur-tout quand elle ſe borne aux moyens légitimes, on seroit étonné des ressources qu'ont les chefs pour prévenir tous les besoins publics, sans toucher aux biens des particuliers. Comme ils sont les maîtres de tout le commerce de l'Etat, rien ne leur est si facile que de le diriger d'une maniere qui pourvoie à tout, souvent sans qu'ils paroissent s'en mêler. La distribution des denrées, de l'argent & des marchandises par de justes proportions, selon les tems & les lieux, est le vrai secret des finances, & la source de leurs richesses, pourvu que ceux qui les administrent sachent porter leurs vues assez loin, & faire dans l'occasion une perte apparente & prochaine, pour avoir réellement des profits immenses dans un tems éloigné. Quand on voit un Gouvernement payer des droits, loin d'en recevoir, pour la sortie des bleds, dans les années d'abondance, & pour leur introduction dans les années de disette, on a besoin d'avoir de tels faits sous les yeux pour les croire véritables, & on les mettroit au rang des romans, s'ils se fussent passés anciennement. Supposons que pour prévenir la disette dans les mauvaises années, on proposât d'établir des magasins publics, dans combien de pays l'entretien d'un établissement si utile ne serviroit-il pas de prétexte à de nouveaux impôts ? A Geneve, ces greniers établis & entretenus par une sage administration, font la ressource publique dans les mauvaises années, & le principal revenu de l'Etat dans tous les tems ; *Alit & ditat*, c'est la belle & juste inscription qu'on lit sur la façade de l'édifice. Pour exposer ici le système économique d'un bon Gouvernement, j'ai souvent tourné les yeux sur celui de cette République : heureux de trouver ainsi dans ma patrie l'exemple de la sagesse & du bonheur que je voudrois voir régner dans tous les pays !

Si l'on examine comment croissent les besoins d'un Etat, on trouvera que souvent cela arrive à-peu-près comme chez les particuliers, moins par une véritable nécessité, que par un accroissement de desirs inutiles, & que souvent on n'augmente la dépense que pour avoir un prétexte d'augmenter la recette ; de sorte que l'Etat gagneroit quelquefois à se passer d'être riche, & que cette richesse apparente lui est au fond plus onéreuse que ne seroit la pauvreté même. On peut espérer, il eſt vrai, de tenir les peuples dans une dépendance plus étroite, en leur donnant d'une main ce qu'on leur a pris de l'autre, & ce fut la po'itique dont uſa Joſeph avec les Egyptiens ; mais ce vain ſophiſme eſt d'autant plus funeſte à l'Etat, que l'argent ne rentre plus dans les mêmes mains dont il eſt ſorti, & qu'avec de pareilles maximes on n'enrichit que des fainéans de la dépouille des hommes utiles.

Le goût des conquêtes eſt une des cauſes les plus ſenſibles & les plus dangereuſes de cette augmentation. Ce goût, engendré ſouvent par une autre eſpece d'ambition que celle qu'il ſemble annoncer, n'eſt pas toujours ce qu'il paroît être, & n'a pas tant pour véritable motif le deſir apparent d'aggrandir la nation, que le deſir caché d'augmenter au dedans l'autorité des chefs, à l'aide de l'augmentation des troupes, & à la faveur de la diverſion que font les objets de la guerre dans l'eſprit des citoyens.

Ce qu'il y a du moins de très certain, c'eſt que rien n'eſt ſi foulé ni ſi miſérable que les peuples conquérans, & que leurs ſuccès mêmes ne font qu'augmenter leurs miſeres :

quand l'hiſtoire ne nous l'apprendroit pas,
la raiſon ſuffiroit pour nous démontrer que
plus un Etat eſt grand, & plus les dépenſes
y deviennent proportionnellement fortes &
onéreuſes ; car il faut que toutes les provinces fourniſſent leur contingent aux frais de
l'adminiſtration générale, & que chacune
outre cela faſſe pour la ſienne particuliere
la même dépenſe que ſi elle étoit indépendante. Ajoutez que toutes les fortunes ſe font
dans un lieu & ſe conſomment dans un
autre ; ce qui rompt bientôt l'équilibre du
produit & de la conſommation, & appau-
vrit beaucoup de pays pour enrichir une ſeule
ville.

Autre ſource de l'augmentation des beſoins
publics, qui tient à la précédente. Il peut
venir un tems où les citoyens ne ſe regardant
plus comme intéreſſés à la cauſe commune,
ceſſeroient d'être les défenſeurs de la patrie,
& où les magiſtrats aimeroient mieux commander à des mercenaires qu'à des hommes
libres, ne fût-ce qu'afin d'employer en tems
& lieu les premiers pour mieux aſſujettir les
autres. Tel fut l'état de Rome ſur la fin de la
République & ſous les Empereurs ; car toutes

les victoires des premiers Romains, de même
que celles d'Alexandre, avoient été rempor-
tées par de braves citoyens, qui savoient
donner au besoin leur sang pour la patrie,
mais qui ne le vendoient jamais. Ce ne fut
qu'au siége de Veies qu'on commença de
payer l'infanterie Romaine, & Marius fut le
premier qui dans la guerre de Jugurtha dés-
honora les légions, en y introduisant des
affranchis, vagabonds, & autres mercenaires. Devenus les ennemis des peuples qu'ils
s'étoient chargés de rendre heureux, les tyrans établirent des troupes réglées en apparence pour contenir l'étranger, & en effet
pour opprimer l'habitant. Pour former ces
troupes il fallut enlever à la terre des cultivateurs, dont le défaut diminua la quantité
des denrées, & dont l'entretien introduisit
des impôts qui en augmenterent le prix. Ce
premier désordre fit murmurer les peuples :
il fallut pour les réprimer multiplier les troupes, & par conséquent la misere ; & plus le
désespoir augmentoit, plus on se voyoit
contraint de l'augmenter encore pour en prévenir les effets. D'un autre côté ces mercenaires, qu'on pouvoit estimer sur le prix

auquel

auquel ils se vendoient eux-mêmes, fiers de leur avilissement, méprisant les loix dont ils étoient protégés, & leurs freres dont ils mangeoient le pain, se crurent plus honorés d'être les satellites de César que les défenseurs de Rome ; & dévoués à une obéissance aveugle, tenoient par état le poignard levé sur leur concitoyens, prêts à tout égorger au premier signal. Il ne seroit pas difficile de montrer que ce fut-là une des principales causes de la ruine de l'Empire Romain.

L'invention de l'artillerie & des fortifications a forcé de nos jours les Souverains de l'Europe à rétablir l'usage des troupes réglées pour garder leurs places ; mais avec des motifs plus légitimes, il est à craindre que l'effet n'en soit également funeste. Il n'en faudra pas moins dépeupler les campagnes pour former les armées & les garnisons ; pour les entretenir il n'en faudra pas moins fouler les peuples ; & ces dangereux établissemens s'accroissent depuis quelque tems avec une telle rapidité dans tous nos climats, qu'on n'en peut prévoir que la dépopulation prochaine de l'Europe, & tôt ou tard la ruine des peuples qui l'habitent.

Y

Quoi qu'il en soit, on doit voir que de telles institutions renversent nécessairement le vrai système économique qui tire le principal revenu de l'Etat du domaine public, & ne laissent que la ressource fâcheuse des subsides & impôts, dont il me reste à parler.

Il faut se ressouvenir ici que le fondement du pacte social est la propriété ; & sa première condition, que chacun soit maintenu dans la paisible jouissance de ce qui lui appartient. Il est vrai que par le même traité chacun s'oblige au moins tacitement, à se cotiser dans les besoins publics ; mais cet engagement ne pouvant nuire à la loi fondamentale, & supposant l'évidence du besoin reconnue par les contribuables, on voit que pour être légitime, cette cotisation doit être volontaire, non d'une volonté particuliere, comme s'il étoit nécessaire d'avoir le consentement de chaque citoyen, & qu'il ne dût fournir que ce qu'il lui plaît, ce qui seroit directement contre l'esprit de la confédération, mais d'une volonté générale, à la pluralité des voix, & sur un tarif proportionnel qui ne laisse rien d'arbitraire à l'imposition.

Cette vérité, que les impôts ne peuvent être établis légimement que du confentement du peuple ou de fes repréfentans, a été reconnue généralement de tous les philofophes & jurifconfultes qui fe font acquis quelque réputation dans les matieres de droit politique, fans excepter Bodin même. Si quelques-uns ont établi des maximes contraires en apparence ; outre qu'il eft aifé de voir les motifs particuliers qui les y ont portés , ils y mettent tant de conditions & de reftrictions , qu'au fond la chofe revient exactement au même : car que le peuple puiffe refufer , ou que le Souverain ne doive pas exiger , cela eft indifférent quant au droit; & s'il n'eft queftion que de la force , c'eft la chofe la plus inutile que d'examiner ce qui eft légitime ou non.

Les contributions qui fe levent fur le peuple font de deux fortes ; les unes réelles , qui fe perçoivent fur les chofes ; les autres perfonnelles , qui fe paient par tête. On donne aux unes & aux autres les noms d'*impôts* ou de *fubfides* ; quand le peuple fixe la fomme qu'il accorde, elle s'appelle *fubfide* ; quand il accorde tout le produit d'une taxe , alors c'eſt un *impôt*. On trouve dans le livre de l'*eſprit des loix*, que l'impoſition par tête eſt plus propre à la ſervitude, & la taxe réelle plus convenable à la liberté. Cela ſeroit inconteſtable, ſi les contingens par tête étoient égaux ; car il n'y auroit rien de plus diſproportionné qu'une pareille taxe, & c'eſt ſur-tout dans les proportions exactement obſervées, que conſiſte l'eſprit de la liberté. Mais ſi la taxe par tête eſt exactement pro-portionnée aux moyens des particuliers, comme pourroit être celle qui porte en France le nom de *capitation*, & qui, de cette ma-niere, eſt à la fois réelle & perſonnelle, elle eſt la plus équitable, & par conſéquent la plus convenable à des hommes libres. Ces proportions paroiſſent d'abord très-faciles à obſerver, parce qu'étant relatives à l'état que chacun tient dans le monde, les indications ſont toujours publiques ; mais outre que l'a-varice, le crédit & la fraude ſavent éluder juſqu'à l'évidence, il eſt rare qu'on tienne compte dans ces calculs de tous les élémens qui doivent y entrer. Premiérement, on doit conſidérer le rapport des quantités, ſelon lequel, toutes choſes égales, celui qui a dix fois plus de bien qu'un autre , doit payer dix fois plus que lui. Secondement , le rapport des usages , c'est-à-dire , la distinction du nécessaire & du superflu. Celui qui n'a que le simple , peut aller au besoin jusqu'à la concurrence de tout ce qui excede son nécessaire. A cela il dira qu'eu égard à son rang , ce qui seroit superflu pour un homme inférieur , est nécessaire pour lui ; mais c'est un mensonge : car un Grand a deux jambes ainsi qu'un bouvier , & n'a qu'un ventre non plus que lui. De plus , ce prétendu nécessaire est si peu nécessaire à son rang , que s'il savoit y renoncer pour un sujet louable , il n'en seroit que plus respecté. Le peuple se prosterneroit devant un ministre qui iroit au conseil à pied , pour avoir vendu ses carrosses dans un pressant besoin de l'Etat. Enfin la loi ne prescrit la magnificence à personne , & la bienséance n'est jamais une raison contre le droit.

Un troisieme rapport qu'on ne compte jamais , & qu'on devroit toujours compter le premier , est celui des utilités que chacun retire de la confédération sociale , qui protege fortement les immenses possessions du

Y iij

riche , & laisse à peine un misérable jouir de la chaumiere qu'il a construite de ses mains. Tous les avantages de la société ne sont-ils pas pour les puissans & les riches ? Tous les emplois lucratifs ne sont-ils pas remplis par eux seuls ! toutes les graces , toutes les exemptions ne leur sont-elles pas réservées ? & l'autorité publique n'est-elle pas toute en leur faveur ? qu'un homme de considération vole ses créanciers ou fasse d'autres friponneries , n'est-il pas toujours sûr de l'impunité ? Les coups de bâton qu'il distribue , les violences qu'il commet , les meurtres mêmes & les assassinats dont il se rend coupable , ne sont-ce pas des affaires qu'on assoupit, & dont au bout de six mois il n'est plus question? Que ce même homme soit volé , toute la police est aussi tôt en mouvement , & malheur aux innocens qu'il soupçonne. Passe-t-il dans un lieu dangereux ? voilà les escortes en campagne : l'essieu de sa chaise vient-il à rompre ? tout vole à son secours : fait-on du bruit à sa porte ? il dit un mot , & tout se tait ? la foule l'incommode-t-elle ? il fait un signe , & tout se range : un charretier se trouve-t-il sur son passage ? ses gens sont prêts à l'assommer ; & cinquante honnêtes piétons allant à leurs affaires seroient plutôt écrasés, qu'un faquin oisif retardé dans son équipage. Tous ces égards ne lui coûtent pas un sol ; ils sont le droit de l'homme riche, & non le prix de la richesse. Que le tableau du pauvre est différent ! plus l'humanité lui doit, plus la société lui refuse : toutes les portes lui sont fermées, même quand il a droit de les faire ouvrir ; & si quelquefois il obtient justice, c'est avec plus de peine qu'un autre n'obtiendroit une grace : s'il y a des corvées à faire, une milice à tirer, c'est à lui qu'on donne la préférence ; il porte toujours, outre sa charge, celle dont son voisin plus riche a le crédit de se faire exempter : au moindre accident qui lui arrive, chacun s'éloigne de lui : si sa pauvre charrette renverse, loin d'être aidé par personne, je le tiens heureux s'il évite en passant les avanies des gens lestes d'un jeune duc : en un mot, toute assistance gratuite le fuit au besoin, précisément parce qu'il n'a pas de quoi la payer ; mais je le tiens pour un homme perdu, s'il a le malheur d'avoir l'ame honnête, une fille aimable, & un puissant voisin.

Une autre attention non moins importante à faire, c'est que les pertes des pauvres sont beaucoup moins réparables que celle du riche, & que la difficulté d'acquérir croît toujours en raison du besoin. On ne fait rien avec rien ; cela est vrai dans les affaires comme en physique : l'argent est la semence de l'argent, & la première pistole est quelquefois plus difficile à gagner que le second million. Il y a plus encore : c'est que tout ce que le pauvre paie, est à jamais perdu pour lui, & reste ou revient dans les mains du riche ; & comme c'est aux seuls hommes qui ont part au Gouvernement, ou à ceux qui en approchent, que passe tôt ou tard le produit des impôts, ils ont, même en payant leur contingent, un intérêt sensible à les augmenter.

Résumons en quatre mots le pacte social des deux états. *Vous avez besoin de moi, car je suis riche & vous êtes pauvre ; faisons donc un accord entre nous : je permettrai que vous ayez l'honneur de me servir, à condition que vous me donnerez le peu qui vous reste, pour la peine que je prendrai de vous commander.*

Si l'on combine avec soin toutes ces choſes , on trouvera que pour répartir les taxes d'une maniere équitable & vraiment proportionnelle , l'impoſition n'en doit pas être faite ſeulement en raiſon des biens des contribuables , mais en raiſon compoſée de la différence de leurs conditions & du ſuperflu de leurs biens. Opération très-importante & très-difficile que font tous les jours des multitudes de commis honnêtes gens & qui ſavent l'arithmétique , mais dont les Platons & les Monteſquieux n'euſſent oſé ſe charger qu'en tremblant & en demandant au ciel des lumieres & de l'intégrité.

Un autre inconvénient de la taxe perſonnelle , c'eſt de ſe faire trop ſentir & d'être levée avec trop de dureté , ce qui n'empêche qu'elle ne ſoit ſujette à beaucoup de non-valeurs , parce qu'il eſt plus aiſé de dérober au rôle & aux pourſuites ſa tête que ſes poſſeſſions.

De toutes les autres impoſitions , le cens ſur les terres ou la taille réelle a toujours paſſé pour la plus avantageuſe dans le pays où l'on a plus d'égard à la quantité du produit & à la ſureté du recouvrement , qu'à la moindre incommodité du peuple. On a même ofé dire qu'il falloit charger le payfan pour éveiller fa pareffe, & qu'il ne feroit rien s'il n'avoit rien à payer. Mais l'expérience dément chez tous les peuples du monde cette maxime ridicule : c'eft en Hollande, en Angleterre où le cultivateur paie très-peu de chofe, & fur-tout à la Chine où il ne paie rien, que la terre eft le mieux cultivée. Au contraire, par-tout où le laboureur fe voit chargé à proportion du produit de fon champ, il le laiffe en friche, ou n'en retire exactement que ce qu'il lui faut pour vivre. Car pour qui perd le fruit de fa peine, c'eft gagner que de ne rien faire ; & mettre le travail à l'amende, eft un moyen fort fingulier de bannir la pareffe.

De là taxe fur les terres ou fur le bled, fur-tout quand elle eft exceffive, réfulte deux inconvéniens fi terribles, qu'ils doivent dépeupler & ruiner à la longue tous les pays où elle eft établie.

Le premier vient du défaut de circulation des efpeces, car le commerce & l'induftrie attirent dans les capitales tout l'argent de la campagne : & l'impôt détruifant la proportion qui pouvoit fe trouver encore entre les besoins du laboureur & le prix de son bled , l'argent vient sans cesse & ne retourne jamais ; plus la ville est riche , plus le pays est misérable. Le produit des tailles passe des mains du prince ou du financier dans celles des artistes & des marchands ; & le cultivateur qui n'en reçoit jamais que la moindre partie , s'épuise enfin en payant toujours également & recevant toujours moins. Comment voudroit-on que pût vivre un homme qui n'auroit que des veines & point d'arteres, ou dont les arteres ne porteroient le sang qu'à quatre doigts du cœur ? Chardin dit qu'en Perse les droits du Roi sur les denrées se paient aussi en denrées ; cet usage , qu'Hérodote témoigne avoir autrefois été pratiqué dans le même pays jusqu'à Darius , peut prévenir le mal dont je viens de parler. Mais à moins qu'en Perse les intendans , directeurs, commis , & gardes-magasins ne soient une autre espece de gens que par-tout ailleurs, j'ai peine à croire qu'il arrive jusqu'au Roi la moindre chose de tous ces produits , que les bleds ne se gâtent pas dans tous les greniers , & que le feu ne consume pas la plupart des magasins.

Le second inconvénient vient d'un avantage apparent, qui laisse aggraver les maux avant qu'on les apperçoive. C'est que le bled est une denrée que les impôts ne renchériffent point dans le pays qui la produit, & dont, malgré son absolue nécessité, la quantité diminue sans que le prix en augmente ; ce qui fait que beaucoup de gens meurent de faim, quoique le bled continue d'être à bon marché, & que le laboureur reste seul chargé de l'impôt qu'il n'a pu défalquer sur le prix de la vente. Il faut bien faire attention qu'on ne doit pas raisonner de la taille réelle comme des droits sur toutes les marchandises qui en font hausser le prix, & font ainsi payés moins par les marchands, que par les acheteurs. Car ces droits, quelque forts qu'ils puissent être, font pourtant volontaires, & ne font payés par le marchand qu'à proportion des marchandises qu'il achete ; & comme il n'achete qu'à proportion de son débit, il fait la loi au particulier. Mais le laboureur qui, soit qu'il vende ou non, est contraint de payer à des termes fixes pour le terrain qu'il cultive, n'est pas le maître d'attendre qu'on mette à sa denrée le prix qu'il lui plaît ? & quand il

ne

ne la vendroit pas pour s'entretenir, il feroit forcé de la vendre pour payer la taille, de forte que c'eft quelquefois l'énormité de l'impofition qui maintient la denrée à vil prix.

Remarquez encore que les reffources du commerce & de l'induftrie, loin de rendre la taille plus fupportable par l'abondance de l'argent, ne la rendent que plus onéreufe. Je n'infifterai point fur une chofe très-évidente, favoir, que fi la plus grande ou moindre quantité d'argent dans un Etat, peut lui donner plus ou moins de crédit au-dehors, elle ne change en aucune maniere la fortune réelle des citoyens, & ne les met ni plus ni moins à leur aife. Mais je ferai ces deux remarques importantes : l'une, qu'à moins que l'Etat n'ait des denrées fuperflues & que l'abondance de l'argent ne vienne de leur débit chez l'étranger, les villes où fe fait le commerce, fe fentent feules de cette abondance, & que le payfan ne fait qu'en devenir relativement plus pauvre ; l'autre, que le prix de toutes chofes hauffant avec la multiplication de l'argent, il faut auffi que les impôts hauffent à proportion, de forte que le

Z

laboureur se trouve plus chargé sans avoir plus de ressources.

On doit voir que la taille sur les terres est un véritable impôt sur leur produit. Cependant chacun convient que rien n'est si dangereux qu'un impôt sur le bled payé par l'acheteur : comment ne voit-on pas que le mal est cent fois pire quand cet impôt est payé par le cultivateur même ? N'est-ce pas attaquer la subsistance de l'Etat jusques dans sa source ? N'est-ce pas travailler aussi directement qu'il est possible à dépeupler le pays, & par conséquent à le ruiner à la longue ? car il n'y a point pour une nation de pire disette que celle des hommes.

Il n'appartient qu'au véritable homme d'Etat d'élever ses vues dans l'assiette des impôts plus haut que l'objet des finances, de transformer des charges onéreuses en d'utiles réglemens de police, & de faire douter au peuple si de tels établissemens n'ont pas eu pour fin le bien de la nation plutôt que le produit des taxes.

Les droits sur l'importation des marchandises étrangeres, dont les habitans sont avides sans que le pays en ait besoin, sur l'exportation de celles du crû du pays, dont il n'a pas de trop, & dont les étrangers ne peuvent se passer, sur les productions des arts inutiles & trop lucratifs, sur les entrées dans les villes de choses de pur agrément, & en général sur tous les objets du luxe, rempliront tout ce double objet. C'est par de tels impôts, qui soulagent la pauvreté & chargent la richesse, qu'il faut prévenir l'augmentation continuelle de l'inégalité des fortunes, l'asservissement aux riches d'une multitude d'ouvriers & de serviteurs inutiles, la multiplication des gens oisifs dans les villes, & la désertion des campagnes.

Il est important de mettre entre le prix des choses & les droits dont on les charge, une telle proportion que l'avidité des particuliers ne soit point trop portée à la fraude par la grandeur des profits. Il faut encore prévenir la facilité de la contrebande, en préférant les marchandises les moins faciles à cacher. Enfin il convient que l'impôt soit payé par celui qui emploie la chose taxée, plutôt que par celui qui la vend, auxquel la quantité des droits dont il se trouveroit chargé, donneroit plus de tentations & de moyens de les frauder. C'est l'usage constant de la Chine, le pays du monde où les impôts font les plus forts & les mieux payés : le marchand ne paie rien ; l'acheteur seul acquitte le droit, sans qu'il en résulte ni murmures ni séditions ; parce que les denrées nécessaires à la vie, telles que le ris & le bled, étant absolument franches, le peuple n'est point foulé, & l'impôt ne tombe que sur les gens aisés. Au reste, toutes ces précautions ne doivent pas tant être dictées par la crainte de la contrebande, que par l'attention que doit avoir le Gouvernement à garantir les particuliers de la séduction des profits illégitimes, qui, après en avoir fait de mauvais citoyens, ne tarderoit pas d'en faire de mal-honnêtes gens.

Qu'on établisse de fortes taxes sur la livrée, sur les équipages, sur les glaces, lustres & ameublemens, sur les étoffes & la dorure, sur les cours & jardins des hôtels, sur les spectacles de toute espece, sur les professions oiseuses, comme baladins, chanteurs, histrions, & en un mot sur cette foule d'objets de luxe, d'amusement & d'oisiveté, qui frappent tous les yeux, & qui peuvent d'autant moins se cacher, que leur seul usage est de se montrer, & qu'ils seroient inutiles s'ils n'étoient vus. Qu'on ne craigne pas que de tels produits fussent arbitraires, pour n'être fondés que sur des choses qui ne sont pas d'une absolue nécessité : c'est bien mal connoître les hommes que de croire qu'après s'être une fois laissés séduire par le luxe, ils y puissent jamais renoncer ; ils renonceroient cent fois plutôt au nécessaire, & aimeroient encore mieux mourir de faim que de honte. L'augmentation de la dépense ne sera qu'une nouvelle raison pour la soutenir, quand la vanité de se montrer opulent fera son profit du prix de la chose & des frais de la taxe. Tant qu'il y aura des riches, ils voudront se distinguer des pauvres, & l'Etat ne sauroit se former un revenu moins onéreux ni plus assuré que sur cette distinction.

Par la même raison l'industrie n'auroit rien à souffrir d'un ordre économique, qui enrichiroit les Finances, ranimeroit l'agriculture en soulageant le laboureur, & rapprocheroit insensiblement toutes les fortunes de cette médiocrité qui fait la véritable force d'un Etat. Il se pourroit, je l'avoue, que les impôts contribuassent à faire passer plus rapidement quelques modes ; mais ce ne seroit jamais que pour en substituer d'autres , sur lesquelles l'ouvrier gagneroit sans que le fisc eût rien à perdre. En un mot , supposons que l'esprit du Gouvernement soit constamment d'asseoir toutes les taxes sur le superflu des richesses , il arrivera de deux choses l'une : ou les riches renonceront à leurs depenses superflues pour n'en faire que d'utiles, qui retourneront au profit de l'Etat; alors l'assiette des impôts aura produit l'effet des meilleures loix somptuaires ; les dépenses de l'Etat auront nécessairement diminué avec celles des particuliers; & le fisc ne sauroit moins recevoir de cette maniere , qu'il n'ait beaucoup moins encore à débourser : ou si les riches ne diminuent rien de leurs profusions, le fisc aura dans le produit des impôts les ressources qu'il cherchoit pour pourvoir aux besoins réels de l'Etat. Dans le premier cas , le fisc s'enrichit de toute la dépense qu'il a de moins à faire ; dans le second, il s'enrichit encore de la dépense inutile des particuliers.

Ajoutons à tout ceci une importante diftinction en matiere de droit politique, & à laquelle les Gouvernemens, jaloux de faire tout par eux-mêmes, devroient donner une grande attention. J'ai dit que les taxes personnelles & les impôts sur les choses d'absolue nécessité, attaquant directement le droit de propriété, & par conséquent le vrai fondement de la société politique, sont toujours sujets à des conséquences dangereuses, s'ils ne sont établis avec l'exprès consentement du peuple ou de ses représentans. Il n'en est pas de même des droits sur les choses dont on peut s'interdire l'usage ; car alors le particulier n'étant point absolument contraint à payer, sa contribution peut passer pour volontaire ; de sorte que le consentement particulier de chacun des contribuans supplée au consentement général, & le suppose même en quelque maniere : car, pourquoi le peuple s'opposeroit-il à toute imposition qui ne tombe que sur quiconque veut bien la payer ? Il me paroît certain que tout ce qui n'est ni proscrit par les loix, ni contraire aux mœurs, & que le Gouvernement put défendre, il peut le permettre moyennant un droit. Si, par exemple, le Gouvernement peut interdire l'ufage des carroffes , il peut à plus forte raifon impofer une taxe fur les carroffes , moyen fage & utile d'en blâmer l'ufage fans le faire ceffer. Alors on peut regarder la taxe comme une efpece d'amende , dont le produit dédommage de l'abus qu'elle punit.

Quelqu'un m'objectera peut-être que ceux que Bodin appelle *impofteurs* , c'eft-à-dire, ceux qui impofent ou imaginent les taxes , étant dans la claffe des riches , n'auront garde d'épargner les autres à leurs propres dépens , & de fe charger eux-mêmes pour foulager les pauvres. Mais il faut rejetter de pareilles idées. Si dans chaque nation ceux à qui le Souverain commet le Gouvernement des peuples , en étoient les ennemis par état, ce ne feroit pas la peine de rechercher ce qu'ils doivent faire pour les rendre heureux.

F I N.

TABLE

DES DIFFÉRENTES PIECES

Contenues en ce Volume.

Fin de la Table.